HABITS OF THE TOP 5%
ACCORDING TO AI

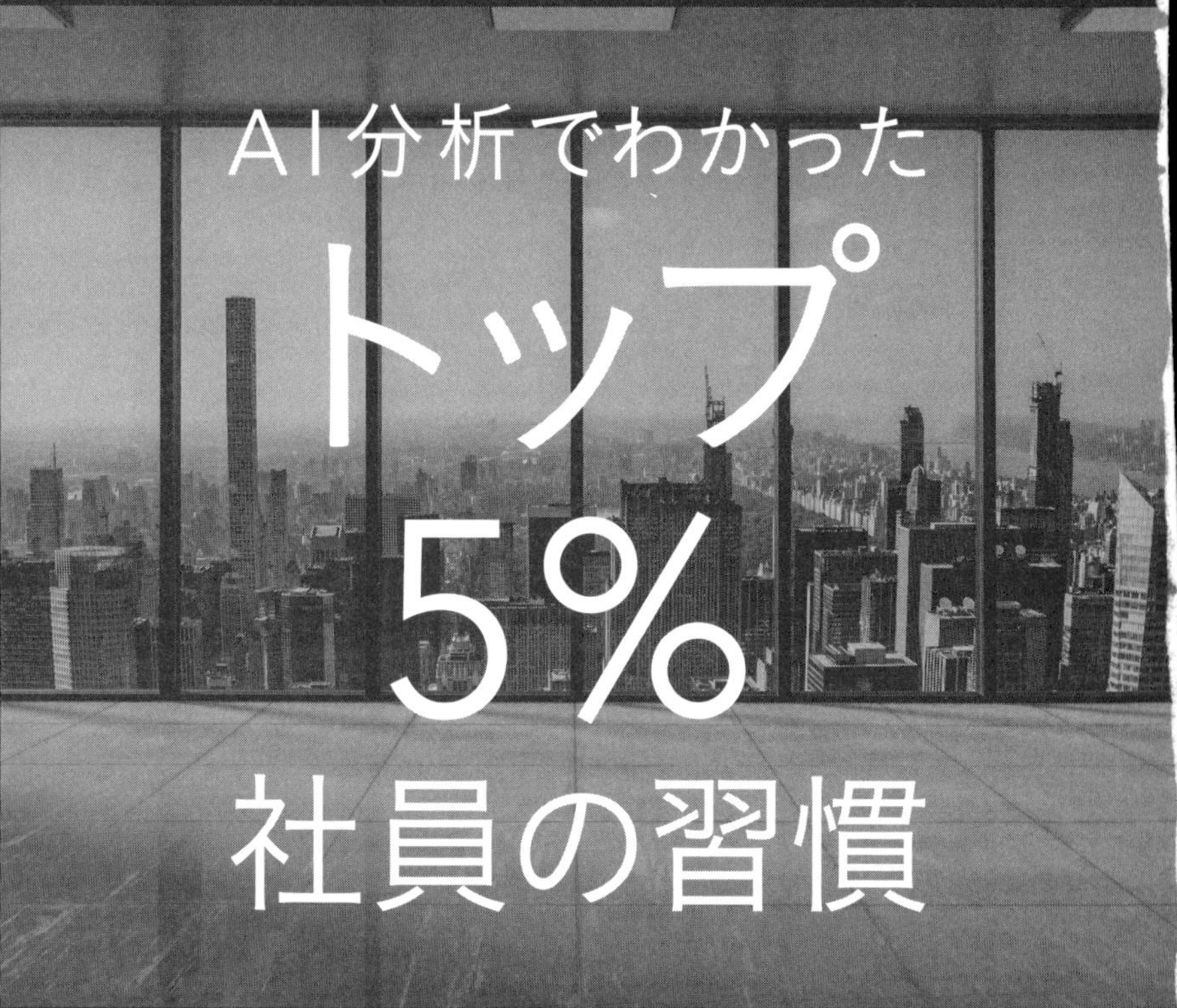

AI分析でわかった トップ5%社員の習慣

越川慎司
SHINJI KOSHIKAWA

Discover

はじめに

働き方改革で目指すべきは、残業を削減することでも、有休を消化することでもありません。限られた時間の中でより大きな成果を残し、より多くの報酬や幸せを得ることです。早く家に帰れる人がすごいのではなく、早く帰っているのに突出した成果を出し続けられる人がすごいのです。

かつては、実直に実行できる人が評価されていました。そしてその評価者は直属の上司のみでした。結果として、上司に気に入られるかどうかで評価が分かれてしまうケースが散見されました。

極端な話、深夜に「メロンを買って来い」と上司に言われたとしても、タクシーで買いに行ってくるような実直な社員が評価されてしまったのです。

そのため、上司のご機嫌取りがうまい人、おべっかを使う人、上にやさしく下に厳しい中間管理職、愛想がよい人、社内政治がうまい人、NOと言わない人……が評価されることが多々ありました。

しかし、そうやって評価された人材は、社外で活躍できる能力を持っていませんでした。

顧客の嗜好が変わり、新たなテクノロジーが出現し、変化の激しい中で、儲け方（＝ビジネス）が変わったので、それに応じて評価制度も変わりました。直属の上司のみの評価を絶対評価としていた時代とは異なり、上司以外の管理職が評価を行う３６０度評価を採用する企業も増えてきたのです。

そうなると、上司だけに気に入られるだけでは出世できず、同僚や他部門の関係者などから評価されないといけませんから、より公平な評価がされることになります。

またコミットメント制度やタレントマネジメントなどの普及により、各社員が定量的な目標を持たされる機会が増えたので、上司から寵愛されているだけでは評価されないのです。


私が代表を務めるクロスリバーでは、これまでに６０５社に対して働き方改革の支援を行ってきました。その過程で各社の人事評価「上位５％」の社員は、どのような行動・働き方をしているか」について調査をしてきました。

顕著な成果を出した「5％社員」たちは、優れた働き方を実践しており、そこに再現性の高いルールが存在し一般化できる要素があるはずだ、と考えたからです。

クライアント企業25社にご協力いただき、「5％社員」と、そうではない95％の一般社員の働き方をリサーチしてきました。サンプル数は、「5％社員」とそれ以外の社員約9000名、計1万8000名です。

各社にご協力いただき、「5％社員」の働き方を徹底的に調査しました。

対象となる「5％社員」には、いつもどおりの行動をお願いして、デスクに定点カメラを設置したり、ICレコーダーやセンサーを装着してもらったり、クラウドサービスや対面ヒアリングなどを通じて行動や発言を記録したりしました。

それ以外にも個人を特定しない形でメールの内容を分析したり、チャットやオンライン会議などの利用履歴も集めました。

これらのデータをAIと専門家によって分析して、「5％社員」の共通点や、95％の一般社員との違いを抽出したのです。

「環境など条件が違うから、一般化なんてできるわけない」と言われることもありました。

しかし、「5％社員」の調査を元に導き出した成功ルールは、その後、29社で実証実験を行い、「5％社員」以外でも効果を出したのです。中には効果が出なかった失敗例もありましたが、再現できた成功例は多数ありましたので、本書では両方とも紹介しています。

この再現実験でわかったのは、成功は失敗との二者択一なのではなく、失敗の先に成功があるということです。失敗を積み重ねて学び、行動を変えていくことで成功に到達することができるのです。

つまり、選択にいつまでも悩んでいるのではなく、リスクを抑えながら行動の数を増やしていったほうが成功にたどり着きやすいのです。変化の激しい中で生き残るには、何もしないで止まっていることがリスクになるのです。

突出した成果を出した「5％社員」は、しばしば「できるやつ」と特別扱いされるかもしれません。しかし、彼らが会得したコツは他の人でも活用できます。そうすることで、「5％社員」の成果は別の個人や組織の成果となり、拡がっています。

お伝えしたいことは、「シンプルな行動と思考のルールをつかんでしまえば、それは再現できる可能性が十分にある」という事実。

だからこそ「5％社員」は別の部門に異動しても成果を出しています。きっと彼らは、全く別の業種に転職しても成果を出し続けるでしょう。

社内で評価される人は、自分の意思で選ぶことができる権利を得ます。会社や上司から「自由と責任」を得て複数の選択肢を持つことができるのです。同じ部署で昇進するのか、異動して新たな職種の挑戦するのか、昇格して自分のやりたいビジネスに携わるのか、といった選択肢が得られやすいのです。

選択肢が複数あれば、「自分のしたいこと」と「自分のできること」を元にして自分で選べるのです。

上から言われたから嫌々仕事することが少なくなりますので、我慢労働をする働きアリから脱却できます。

「5%社員」のシンプルな行動と考え方を自分とを照らし合わせてください。同じで安心することもあれば、違って学びになることもあります。

そして自分にはないものを見つけて、自ら行動実験をしてみてください。自分の行動を変えたら、振り返ることを忘れないでください。うまくいったら続ければよいですし、だめなら止めれば良い。このように内省によって得た学びを次の行動に活かしていけば、必ず成功に近づきます。

本書で紹介する成功パターンは、すぐにパッと魔法のように成果が出るわけではありません。ダメージを低減させながら、成功に向けた行動実験をするための材料です。

読んで終わりではなく、ぜひ行動をしてみてください。

「あ、意外と良かった」という感覚を持てたら、あなたの意識が変わった証拠です。

この改善行動を繰り返していくことで変化に対応でき、錆びることなく長い人生を楽しむことができます。

上位「5％社員」のシンプルな考えと行動を参考にするだけで、短い時間で成果を出し続けることができるようになります。

2020年9月

越川《こしかわ》慎司《しんじ》

『ＡＩ分析でわかったトップ5％社員の習慣』目次

序章

ＡＩで1万8000人分析してわかった、ずば抜けた結果を出す人の五原則

第1章

良かれと思ってやってしまう「95%社員」の行動

第2章

トップ「5%社員」のシンプルな思考と行動

第3章

トップ「5%社員」の強いチームをつくる発言

第4章 トップ「5%社員」のすぐやる習慣

第5章 今日からできるトップ「5%社員」のルーティン

序章

AIで1万8000人分析してわかった、ずば抜けた結果を出す人の五原則

原則1

「5％社員」の98％が「目的」のことだけを考える

過程よりも結果を重視する

「5％社員」に対してアンケートやヒアリングを行い、その結果を4社のＡＩサービスを使って分析しました。すると、高い頻度で出現する名詞は「結果」や「目標」でした。そして「達成する」「成し遂げる」「認められる」という動詞が多く使用されていました。これらの言葉は、95％の一般社員よりも3倍以上使用されていたのです。

この調査結果からも、「5％社員」は経緯よりも結果を重視していることがわかります。突出した成果を残す彼らは、仕事の過程を評価していません。チェックポイントで進捗を確認しているものの、それはあくまで成果を出すための手段として捉えており、途中で達成を感じることがありません。

重要なプロジェクトに関わっている際に、手を抜かず、そして周囲とも協力して、万全の状態で仕事を進めていた時であっても、最終的にそのプロジェクトが失敗してしまった時に反応が分かれます。

一般社員の約7割は「失敗してしまったけど、頑張ったし、みんなとも協力できたからよかった」と考えます。しかし、「5％社員」は違います。

「確かにみんなで頑張ったし、やれることはやったつもりだったけれど、失敗したということは、どこかに失敗の原因があったのだ」と考えるのです。

プロセスを重視することは当然ですが、それを逃げ口上に使ってはいけないことを、彼らは知っています。ただし、失敗を失敗で終わらせることなく、失敗の発生原因をつきとめるチャンスだと考えて、次の行動で修正していきます。

時間を大切にする

「5％社員」は、時間をとても大切にします。

時計を見る時間は一般社員よりも1・7倍も多く、会議では期限や時間に関して2・3倍以上の発言をします。

1分1秒の大切さを心底理解できている人物がそのまま「5％社員」に当てはまると言っても良いでしょう。

会社員の生産性とは月給、年俸など時間軸が基準となってその報酬が決まりますので、時間単位でどれだけの仕事ができたか、あるいは生み出したかで決まると言えます。従って、「5％社員」にとって無駄にできる時間は1秒たりともないのです。

ただし、1秒たりとも無駄にできないからといって、ずっと走り続けるわけではありません。「5％社員」は、適度な休息がないと良い仕事ができないこともしっかり理解しています。だからこそ、オン・オフの両面で時間を大切に考えており、それが一般社員と比べて特徴的な考え方の違いです。

自分で目標を設定して達成を目指している

人一倍向上心があるというのも、「5％社員」の特徴です。

たとえば、営業の仕事をしていて、上司から売上目標を設定されたとします。

一般社員はその目標を達成するための努力をしますが、「5％社員」は設定された目標以上の高い目標を自ら設定し、それをクリアしようと努めるのです。

与えられたノルマをこなすだけで精一杯とか、そのノルマすらこなせないという一般社員は少なくありませんが、「5%社員」はそれよりもずっと上のレベルで努力を重ねています。

目標というものはそれを達成してこそ、意味があります。

「5%社員」はそのことをよく知っていますので、高い目標設定をしただけで満足してしまうことはありません。

背伸びをしてギリギリ届くような目標を自身で設定した上で、それを達成するための努力を自主的に行い、実際にクリアするのが「5%社員」なのです。

彼らが大切にしているのは達成感です。

達成のためには目標が必要です。この目標を自分で設定して、最短距離で達成しようとしています。

一方、一般社員は、目標を明確にしないで仕事をする人が少なくありません。よって、達成に近づいていないにも関わらず、その作業時間で充実感を覚えてしまいます。この達成感と充実感、どちらを大切にするかで会社や上司からの評価が変わってくるのです。一緒に作り上げて約束した目標を達成すればもちろん評価はされます。

しかし、作業を終えることで充実感を得るだけでは、上司にとって必ずしも褒め讃えられるわけではないのです。なぜなら、目標達成から遠ざかっていることに気づかず、ただ前に進んでいること自体に満足している可能性があるからです。

目標達成に向けて前に進んでいるのであれば良いのですが、その方向を間違えるとむしろ後ろに下がっているのと同じことにもなり得ます。集中力を増して作業に勤しむのは良いことですが、それが目標達成に向かっていないのであれば無駄になってしまいます。例えば、登山をするとき、山頂が決まっているからこそ、到達に向けたルートや、自分の体力と折り合いをつけて休憩などをするわけです。もしこの山頂が決まってないまま登山に向かうと、違う山の頂上についたり、迷って帰れなくなったりします。

このように仕事では「どこに向かって作業を進めているのか」ということが重要であり、その作業の量だけで褒められるわけではないことを「5％社員」は心得ています。

仕事は量ではなく質

2019年4月から働き方改革関連法が施行され、歴史上はじめて長時間の上限が規制されました。残業を抑制しなくてはいけない上司や会社にとっては、終電間際まで仕事をして「残業なう」とつぶやいたり、最終電車に乗って苦労していることをアピールしてくる部下は厄介になってしまいます。

これは上司に対してというだけではなく、相手を主体に考え行動できるかということにかかっています。自分主体で考えると、自分が満足すれば終わりなわけですから、勝手に作業の充実感を得ていつまでも仕事をしていても良いわけです。

しかし、相手からの信頼を得て、「自由と責任」といった裁量権を手にしたいのであれば、自分の能力を最大限発揮して、どうしたら相手から承認されるかを考えたほうがスマートです。

テレワークを定着させるために、ジョブ型の成果主義を導入する企業が増えてきました。労働時間数ではなく、労働によって生み出した成果や価値の質に評価される時代にシフトしてきました。

昔と違い、生産量ではなく生み出した価値に対して顧客はお金を支払い、それが売上げや利益、社員の報酬につながるのですから、量ではなく質を目指すべきなのです。50枚のパワーポイントの資料を作ることに精を出すより、1枚の資料であっても相手の心を揺り動かし思い通りに動かすことのほうが大切であり、評価されるのです。

今回の調査で、一般社員が作成した資料のほうがページ数が32％多い傾向にありました。資料の内容が薄いことを誤魔化すために、作成枚数を増やしたであろうケースが散見されました。一方、「5％社員」はそもそも資料作成時間が一般社員よりも20％ほど短かったのです。作り上げた資料の枚数は少なく、パワーポイントの1スライドの中に記載された文字数も少なかったのです。

彼らは伝えることよりも「伝わること」を目指しているので、相手の頭の中に入れるべき重要なことを見極め、それを資料の中で視覚を通して相手に「伝わる」ようにしているのです。

つまり、「5％社員」はパワーポイントの使い方が上手なわけではなく、資料に入れるストーリー作りが得意なのです。

どのように相手を説得・共感させて、こちらが望む行動をしてもらうかという戦略を手書きメモで作り込み、最後にシンプルなパワーポイント資料をさっさと作るのです。

正しい目的を理解し、目的に合わせて行動をして、最終的に成果に結びつけるのが「5％社員」の特徴です。

原則2

「5%社員」の87%が「弱み」を見せる

「5%社員」は、仕事に対しての知識を十分保有しており、しっかりと考えて動くことができます。

しかし、知識があるからと言って、それをひけらかしたり、他の人を下に見たりということを決してしてしません。先輩だったり、上司の立場にあると、後輩や部下たちに対して偉そうな態度を取ってしまいがちです。過去の武勇伝を何度も話すダメ上司はこの部類です。

しかし、「5%社員」はそういったことはせず、むしろ謙虚で、さらに質の高い知識を習得しようと貪欲です。

つまり、「5%社員」は、「自分がわからないことがある」「まだ学べていないことがある」という前提に立っており、他者から自分が持っていない知見を獲得しようとしています。

「好意の返報性」

「5%社員」は、自分がわからないことに当たった時は、質問をし、わからないところをそのままにはしておきません。問題に対して真摯に学び、新たな知識を得ようとします。

そうすることで、上司からも信頼され、部下からも慕われるようになります。

また、相手に腹を割らせるには、自分も腹を割らないといけません。これは心理学でいう「好意の返報性」に通じるものがあります。人に何か施しを受けたとき、お返しをしなければいけないという気持ちになることを「返報性の原理」といいます。先に相手が自己開示したとき、自分も同じ程度の情報を開示しようと考えるのは、この返報性の原理によるものです。

例えばデパートの地下の食品売り場での試食は、この「返報性の原理」を利用したものです。ちょっとしたものでも試食をしてしまうと、それを買わないといけないのではないかという負い目を感じて、ついつい購入してしまうものです。

「返報性の原理」は人とのコミュニケーションにおいても適用できます。

相手が素直に腹を割って話せば、自分も腹を割って話したいと思うのです。

例えば、同僚の働きがいを聞いてみたいと思ったら、「お前の働きがいって何？」と、一方的に聞いても12％の人しか答えてくれません。

一方、先に「自分がどういう時に働きがいを感じたか」というストーリーを伝え、その上で「働きがいを感じたことある？」と聞くと78％の人が自分の働きがいを答えてくれます。

これは相手の精神的なハードルを下げる効果もあり、何でも言い合える心理的安全性が担保されるので、様々な情報を聞き出すことができます。

「5％社員」はこの原理を理解しており、相手に多くの意見や情報を出させることを狙っています。

例えば会議では、心理的ハードルを下げるために、いきなり本題に入ることなく雑談で参加者同士の心理的安全性を確認してから、意見を出し合うようにします。そうすることでたくさんのアイデアが出てきます。

クライアント26社で、アイデア出し会議の冒頭2分だけ雑談を入れたチームと、雑談を入れなかったチームでそれぞれ30組ずつ2週間実践して比較検証しました。

その結果、雑談ありの会議のチームのほうが、発言者数と発言数が2倍近く多くなり、かつ時間通りに終わる可能性が1・6倍高かったのです。

アイデアがたくさん出れば、意思決定の判断材料は十分に集まりますので、「今日は時間がないから次回再びアイデアを出し合おう」とならないのです。

この心理的安全性を確保する上で、重要なことは、最初にくだらない発言をすることです。

最初に難しい話をすると、次に発言する人の精神的なハードルが高まり発言しにくい空気になります。安全性が確保されていなければ話さないほうが安全なわけですから、発言量が減り、結果的にその会議の目的を達成しません。

これは自分の価値観を押し付けない、ということにもつながります。

異質なつながりを作るには、不要な固定観念や無駄なこだわりなどを捨てる必要があります。そのため、「5％社員」は自分の弱い部分を見せて決して強い部分によるマウンティングはしません。調査をしていて印象的だったのは、「5％社員」は、はじめての人と関係を構築するときに、カジュアルな雑談から入り、そこで相手との距離感を縮めた上で、関係を構築するとなったときは、まず自分の弱みをさらけ出していました。

アンケート調査でも、「5％社員」は自分の弱みを出すことに抵抗がないと答えた人は73％いました。

一方「95％社員」の中では弱みをさらけ出すことに抵抗がないと答えたのは23％でした。もちろん、「5％社員」は相対的に弱みが少ないかもしれませんが、心構えとして不要なプライドに引っ張られることなく自分のできないことや弱点を相手に見せています。

これは心構えではありますが、コミュニケーション手法の一環としても捉えられます。決して弱い部分を見せることが目的ではなく、弱い部分を見せるという手段を通じて、相手の懐に入るという目的を持っています。

また、異質なつながりによって、新たな化学反応を起こそうとしていますので、まずはその異質な人たちの性格や能力といった要素を表に出そうとしているわけです。

自己開示で信頼ネットワークを構築

自己開示とは、何の意図もなく自分自身の情報をありのままに伝えることです。個人的な情報以外にも、自分の「感情」を相手に伝えるのも自己開示のひとつですから、自分の気持ちや考え方を包み隠さず伝えて、相手から共感や理解を得やすくします。

また、自分の弱みを含めて自己開示していくことで、冷静に頭の中が整理できるというメリットもあります。

言葉を発することで自分の意見が明確になり、話しながら頭の中が整理できます。

「5%社員」の中にはコミュニケーション能力が低く口下手な人も含まれていました。そのような人は、自己開示をしながら相手と話をして、信頼関係を高めていくと同時に、自分の弱みと強みを整理することができ、頭の中をスッキリさせていました。

具体的な自己開示方法

会話を盛り上げるには、ただ自分のことをベラベラと話すだけでなく、質問をするのが効果的です。

こちらが自己開示をすると、相手も自分の情報を話そうという気持ちになります。

コミュニケーション術のひとつに「オープンクエスチョン」というものがあります。イエスかノーで答えるような質問をするのではなく、自由に答えられる質問をすると、相手の情報や考え方を多く知ることができるというテクニックです。

質問をするときは、5W1H＝「when（いつ）・where（どこで）who（誰）・what（何）・why（なぜ）・how（どうやって）」を使って話すと、相手から多くの情報を得ることができます。

例えば、以下のような聞き方です。

×「私はラーメンが好きなんだけど、あなたもラーメン好き？」
○「私はラーメンが好きなんだけど、あなたは麺類だったら何が好き？」

希少価値の高い情報はネットではなく、人に紐づいていることを「5％社員」は知っています。さらに、多くの人を巻き込んで複雑な解決をしていくことを重要視している「5％社員」は、ちょっとした気遣いと配慮で、信頼できる人脈を構築していました。

原則3

「5％社員」の85％が「挑戦」を「実験」と捉える

「5％社員」は、自発的に行動して、結果として自分の活躍できるフィールドを見つけます。天性の能力や運を否定はしません。しかし、成果を出し続けてトップ5％の評価を得る人材は、共通して行動の量が多いことが特徴的です。95％の一般社員よりも、「5％社員」の方が、会話やチャットで接する人数が多く、会議での発言頻度は一般社員より32％多く、社内での移動距離も22％長かったのです。

一方、評価が良くない社員の口癖は、「どうせ」や「だけど」です。「**だけど**今は忙しくて手をつけられない」や「**どうせ**失敗してしまうから、やっても意味がない」と言って新たな挑戦を避けていきます。彼らは失敗することが怖くて、自分たちの可能性を閉ざし、思考を停止させてしまうのです。

これでは、変化に合わせて行動を修正していくことはできません。

全ては学びだと考える

「5%社員」であっても失敗することはあります。

しかし、失敗した時も「どこがダメだったからこうなったのか」「何を変える必要があるのか」といった点を自分に問い続け、失敗した理由を明らかにして次に活かすのです。

失敗の原因を責任転嫁していては、スキルアップにつながらず、いつまでたっても結果を出すことはできません。失敗してもそれを改善の材料と捉え、次の行動を修正していけば、成長できますし、成功にも近づいていくのです。

そもそも「5%社員」は、失敗をさほど悪いものだと思っていません。

むしろ成功しても学びがないことをネガティブに捉えます。

「5%社員」は、「この辛い経験によって学びを得たから、必ず次は失敗しない」と、失敗を自分にとってプラスの材料に変える癖をもっています。

迷った時は苦しいほうを選択する

自分の行動を変える小さな実験によって経験を得ることを目的にする「5%社員」は、

あえて苦しい選択や難しい選択をすることもあるようです。

社内の超エース級である彼らは、昇進や昇格、そして部署異動といった複数の選択肢を与えられます。その中で、どう考えてもAのほうが良い条件にもかかわらず、あえて苦しいBを選択する人たちが複数いました。

例えば、ある精密機器メーカーで「営業部長が昇進して営業本部長になる」という選択肢と、「隣のマーケティング部の部長に横滑りする」という選択肢があったのですが、「自分が経験したことのないマーケティング部で経験を積み重ねたい」と本部長ではなく部長を選択したケースがありました。

以前はT型人材がもてはやされました。専門分野の深い知識をもつI型人材（スペシャリスト）に、他の分野に対しても幅広い知識と知見をもつという意味の横棒「―」をプラスした人材のことです。

今回の調査で、「5％社員」は自分にない経験やスキルを身に付けようとする人が69％もいることがわかりました。一方、一般社員ではI型のスペシャリストを目指す人が63％いました。

トップ「5％社員」は横の広がりがある幅広い知識と知見をもつことを、95％の一般社員は縦の専門性の追求を望んでいるのです。

「5％社員」は、変化の激しい中で対応力を高めていくには、1つのスキルや技術に固執することなく、より多様な能力を身に付けていったほうが市場価値が高まると思っています。**彼らはたし算のスキルアップではなく、かけ算のスキルアップを狙っています。**多様な経験をして、場数を踏んでいる人のほうが、社内でも要職につきやすく、同時に社外の市場価値も高まっていきます。

このように経験とスキルの複線化を進めると、社内外で評価が高まっていくのです。

経歴偏重の採用はキケン

こういった傾向からすると、単に過去の職歴や経験を重視した中途採用の募集を行うのではなく、その人が持っている変化対応力や、スキルの多様性などを見ていったほうが結果的には優秀な人材が獲得できます。

実際に弊社のクライアント企業で実験をしてみました。

職歴や経歴を重視した応募条件で中途採用を募集したケースと、1つではなく複数の職種経験を持つ人、といった多様性重視の応募条件で募集したケースでは、結果的に後者のほうが優秀な人材を採用することができました。

この2つのケースで、1年半後にその採用した社員が活躍しているかどうかを人事部長に判断してもらったところ、良い人材が採れたと回答したのは、職歴や経歴を重視した前者のケースでは64%だったのに対し、複数の職種経験を持つなどの多様性を重視した後者のケースでは82%でした。

このことからも、ひとつの大きな実績を残すことにこだわることなく、複数の職種で多様な経験を積むことが人材としての価値を高めるのだとわかります。

原則4

「5%社員」の73%が「意識変革」はしない

「行動を変えるためには意識を変えないとダメだ!」という主張の自己啓発本が多々あります。しかし、「意識が変わらないと行動を変えられない」というのは間違いです。

意識を変えることは必要です。ただ、それをじっと待っていても何も起こらないことを「5%社員」は理解しています。

意識を変える前に行動する

意識を変えて行動するのではなく、行動を変えることによって意識が変わるのです。

行動をしてみたら変化が起きたことを自覚し、「行動を起こすことに価値がある」という意識に変わるのです。そうやって行動を継続していくと、行動変容が習慣に変わります。

意識せずに行動を変えようとしていくのです。

これは、「5％社員」に限らず、クライアント企業16万人の行動実験をしたことからもわかります。

多くの企業は、社員の意識を変えるために、経営陣や人事責任者が意識を変えることの必要性を訴えていました。しかし声かけだけではきっかけの一部にはなるものの、根本的に意識を変えた、その後の行動変容にはつながりませんでした。

働き方改革に成功している企業もその学びを活かし、意識を変えることよりも行動を変えることを重視しています。半ば強制的に行動の一部だけを変えて、内省によって学びを得ます。振り返ってよければ続ければいいですし、悪化したのであればやめるべきです。この内省による気づきを得ることで、見えなかった部分が見えるようになったり、また気づかなかった部分に気づくことができます。「あ、意外とよかった！」という言葉が出れば大成功です。この言葉を発する人の78％は自らが行った行動の意義と目的を深く理解し、腹落ちさせています。そして自分にメリットがあると実感できれば、その行動変容を自分ごととして、その後の改善活動を継続させていこうとします。

29社のクライアント企業に対して毎月何かしらの新しい行動を強制させました。全ての社内会議を45分に設定したり、他部門のプロジェクトチームとの連携を強制させてみました。

はじめは抵抗する人もいたのですが、実際に行動をしてみたら、「思いのほか効果が実感できた」と答える社員が82%以上いました。そのうち68%は、特に指示をしていないのに、その行動を継続しました。

一方、意識が変わることをトップダウンで言い聞かせ続けて、2年後に現場の意識と行動が自発的に変わったというケースは8%しかありませんでした。

もちろんトップダウンにより意識変革の重要性は謳うべきではあります。しかし、それは必要条件であって十分条件ではありません。

同時に必要なのは、現場で自発的に行動させる仕組み作りです。

組織全員が「働き方改革が必要」と意識が変わるまで待っていたら何年もかかります。まず行動を起こして、そのあとに意識が変わることを知っている人は、初動が早く、率先して新たなことに挑戦していきます。

意識が変わったことを実感できると、行動を起こした自分に自信が持てるので、思考が前向きになります。チームメンバーと一緒に行動を起こし、一緒に効果を実感します。変化への対応力を一緒に身に付けようとする人には、自然と前向きな人が集まり、助け合うことでポジティブな連鎖が拡がっていくのです。

クライアント各社の「5%社員」たちにも、はじめはこういった行動実験に対して、抵抗を示す人が多数いました。しかし彼らは内省の習慣を持っていますので、行動を変えたことによって自分にメリットがあるかどうかを判定し、意義・目的がわかればそういった行動実験を継続していきます。

さらにこの「5%社員」はその行動実験の結果を、同僚に広める傾向もありました。

この情報共有の際には、はじめに良いことばかりをまくし立てるのではなく、「もともとは自分自身も抵抗があったが、やってみたら作業時間が8%減った」といった具体的なメリットを相手に伝えて共感を得ようとしていました。

「~すべき」と正論をかざしても、抵抗勢力は動かないことを「5%社員」は理解しているのです。

相手と共鳴するために、はじめに相手と同じような悩みや課題を説明し、その悩みがどうやって解決したかを具体的に説明すれば、相手の腹落ち感を醸成できるわけです。
社内で一目を置かれているのが「5%社員」ですから、周りの社員は、なおさら彼らのアドバイスを取り入れやすいのです。

このことからも、組織として働き方改革を強力に推進するには、まずこういった「5%社員」の腹落ち感を作り、彼らを起点としてインフルエンサーを社内で増やしていくことでうまく推進できます。

インフルエンサーが他の社員に対してポジティブな連鎖を起こすような仕組みにすれば、組織全体が働きがいを持つことができ、結果的に生産性も上がっていくわけです。

原則5

「5％社員」の68％が常に「ギャップ」から考える

目標から逆算して考える

逆算の思考方法は、優秀な人が漏れなくやっている方法です。

まずは目標設定から適切に行う必要はありますが、その設定した目標からどんどんブレイクダウンして「今月やるべきこと」「今週やるべきこと」「今やるべきこと」を明確にしていきます。自分の能力を把握し、必要な時間や費用などを勘案しながら達成時期を意識することは重要です。

彼ら「5％社員」は、目的を達成することを山登りのように捉えています。はじめに山の頂上を意識し、今自分がどの位置にいてどれぐらいの時間とコストをかけて頂上に到達するかを逆算し、そこに対して行動を起こしていきます。

95%の一般社員もそのような逆算を意識して山を登る人たちもいますが、彼らは準備に多くの時間を要してしまい、スタートが遅れて、頂上に立って取り付くリードタイムが長くなってしまいます。

「5%社員」は、まず最低限の計画、つまり旅のしおりを作ってから動きはじめます。頂上を意識してコンパスを見ながら正しい方向に向かっていても、途中で振り返って間違いだと思えばすぐに戻ります。

そして途中で内省することで行動を修正していき、最終的に最短距離で頂上に到達することを目指します。


一見「5%社員」のほうが差し戻しや行動修正などの手間がかかり、リードタイムが長くなるように思われますが、彼らはスタートが速く、修正するかしないかの判断が明確なので迷わず行動を継続していけます。

そのため、計画に長時間を要す、95%の一般社員よりも早く頂上に到着します。

これはクライアント各社のプロジェクト推進でも同じようなことがわかりました。

優秀なリーダーがいるプロジェクトチームと、そうではないプロジェクトチームでは行動量と到達のスピードに差が出ました。

優秀なリーダーは目的志向で行動派ですから、まずはスタートをして、途中でチェックポイントを設け、どんどん決めていきます。

一方、優秀なリーダーが存在してないプロジェクトでは、基本設計や行動プランを練ることに時間をかけ、スタートが遅くなります。

さらに、振り返りの頻度は少ないため、結果的にだらだらと無駄な作業を発生させてしまい、リードタイムが長くなってしまいます。このことからも優秀なリーダーは、明確な目標と目的をメンバーに意識させ、納期から逆算しながら勇気を持って決断をする覚悟があります。

また、自分の判断が１００％正しいとは思っていませんので、途中でしっかりと振り返り、柔軟に行動を修正していく姿勢でのぞんでいます。結果として、この修正力が無駄な作業を生まないようにしているのです。

相手とのギャップを縮める

先程のクライアント各社でのプロジェクトの比較において、優秀なリーダーは、視点の広さも特徴的でした。

彼らはプロジェクトの全体像を俯瞰的に眺めていますので修正点を的確に見つけ出していました。

一方うまくいってないプロジェクトでは、どうしても物事を局所的に見てしまい、また緊急度の高いこと全てをこなそうとするので、メンバーが疲弊し、振り返ると緊急度は高いが重要度が低い仕事にも手をつけてしまっていたことを後悔するのです。

こういった視点をもつことで、納品先の顧客や社内の上司たちとの認識ギャップを埋めることができます。目の前の仕事に追われてしまうと無駄な作業にも気が付きません。もちろん汗を流して作業してくれるメンバーたちには労をねぎらいます。

しかし、顧客や上司は、プロセスよりも結果でそのプロジェクトの良し悪しを判断します。適度に振り返り、行動を修正しながら進めることで進捗が可視化できます。

優秀なリーダーは、途中経過として「うまくいっているところ」と「うまくいっていないところ」を包み隠さずに顧客や上司に報告します。最後の最後になって「できませんでした」や「遅れます」と相手が言われたら困ることを理解しているからです。

これは顧客へのプレゼンテーションでも同じです。

情報を伝える発表者と、時間を無駄にせずに効率的に情報を得たい顧客では、その目的

「5％社員」が顧客のニーズを把握するときの視点

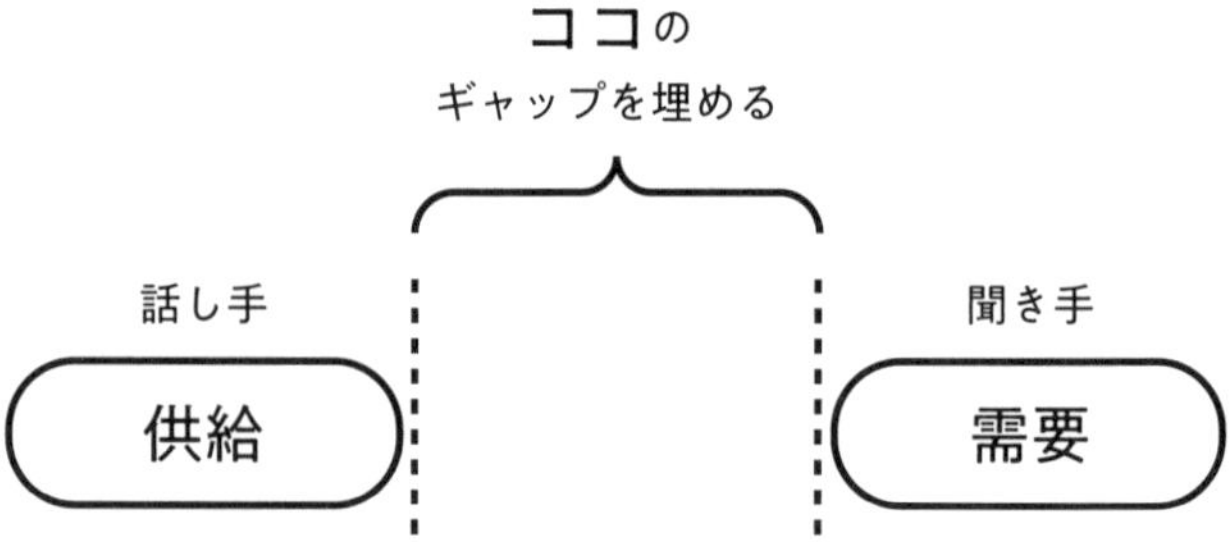

にギャップがあります。

「５％社員」は事前に顧客のニーズ（需要）をしっかりつかみ、それと自分たちの要望を近づけて情報を供給するのです。「５％社員」が一般社員よりも事前ヒアリングをするのはその理由です。

そして、プレゼンテーションの最後に行われる質疑応答の準備もぬかりありません。

相手が質問しやすい空気を作り、その質問に的確に答えることで、需要と供給のギャップを埋めることができれば成約につながることを理解しているからです。

第1章

良かれと思ってやってしまう「95％社員」の行動

95%の一般社員は

作業充実感に浸る

× 仕事をしている充実感に満足し、
仕事へのフィードバックを必要としていない

○ 目標を成し遂げた達成感に満足し、
仕事へのフィードバックを必要としている

社員一人ひとりが自分の力を存分に発揮して、限られた時間の中でより大きな成果を残すには、長時間働くことを前提にしてはいけません。

「寿命が100年」と言われる時代になり、年を重ねても働く必要があり、そして働き方改革で労働時間の上限が法律で規制されました。

各社のトップ「5％社員」はそのルールの中で、成果を上げる方策を練るのですが、残り95％の社員は時間の制約に対して愚痴を言います。

「残業を減らして売上目標は達成しろ、なんて無茶だ」

「働き方改革なんてうまくいくはずがない」

そのような声をクライアント各社でもよく聞きました。そのように働き方改革をする意義がわからず腹落ちしていないと、9か月で元の働き方に戻ります。

働き方改革実施当初は、オフィスを19時に消灯して、頑張って仕事を終えて退社していても、電気を消す意義がわからないまま9か月が過ぎると、消えた電気を点け直して働き続けます。腹落ちしないと78％の社員は元の働き方に戻ってしまうのです。

そして労働時間の制約が課されると、目の前の仕事を終わらせることに必死になります。パソコンの周りに貼った付せんの「やることリスト」で頭がいっぱいの社員を多く見てきました。彼らはその仕事を終えることが目的で、一つひとつの作業が終わってその付せんを剥がすことに達成感を得ています。

しかし、残念ながらそれでは目標を達成できません。

それにもかかわらず、作業をしていることに満足してしまい、成果を残すことを考えない人が95％の一般社員に6割以上いるのです。確かに作業を早く終わらせて職場から抜け出したいという気持ちもあるでしょう。遅くまで仕事していたら共感や同情されるのではないかと密かに期待している人もいます。

しかし、作業していることに満足しているだけでは、目標達成はできません。何より働いた時間に対して評価されることはなくなっていきます。

給料は、生み出した成果に対して払われるようになっていきます。

アンケート対象とした528社のうち、58％にあたる307社は2年以内に人事評価制度を変える計画を持っていました。短期的な成果ではなく、長期的な成長に貢献しているかどうかを評価し、稼働時間や年齢に対して評価する比率を下げていくそうです。

大半が時間ではなく成果を評価する制度へ

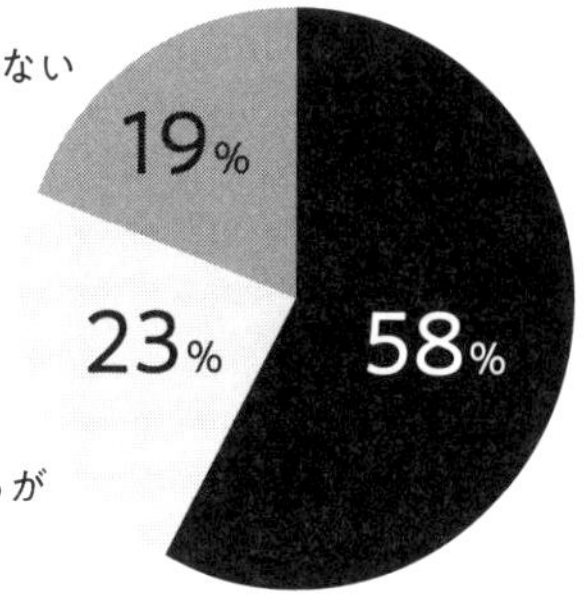

528社の人事責任者へのアンケート調査（2019年12月）

16万人を対象にした調査をしたところ、「資料が完成すると満たされた気分になる」と答える社員は89％いました。

これ自体に問題はありません。しかし、トップ「5％社員」のうち、73％の人がこの質問にノーと答えたのです。後で追加調査したところ、「5％社員」は作成した資料によって成果が残せたときに満たされた気分になると答える人が大多数だったのです。

つまり、**95％の一般社員は作業が終わった充実感に満たされ、「5％社員」は成果を残した時の達成感を目指しています。**

また、追加でどういったことに作業充実感を持つのかを調査しました。ダントツでトップだったのは資料作成でした。中でもパワーポイントとエクセルと答える方が60%を超えました。

私は両製品の責任者をしていたので耳が痛いのですが、機能が増えて、できることが増えると複雑できれいすぎる資料を作成してしまうそうです。

漫然と仕事をして時間を浪費してはいけません。その浪費した時間は評価されません。短い時間で生み出す価値が評価されるのです。だからこそ、作業の目的を必ず確認してください。「5%社員」が実践しているとおり、まず目的を明確にして、何が達成されたら成功かをイメージしてください。

営業部門が作成した提案書であれば、契約をもらうことが目的です。社内の説明会であれば、それに従って社員たちが行動してくれるのがゴールです。資料が完成して終わりではなく、提案書を提出したり説明会が終わったりして完結するのではなく、そのあとに相手が動いてくれたかを確認しましょう。

このシンプルな考え方で相手を動かすことができれば、あなたの努力は報われます。

フィードバックはプレゼントと同じ

作業が期日までに終わったことに対して満足するのは良いですが、その先を追うことはできているでしょうか。その苦労して作成した資料がどのような成果を生んだのかを確認しましょう。

顧客向けの提案書であれば契約を締結できたのかどうか。社内で共有した資料であれば、それが他のメンバーにどれだけ閲覧され、どのように活用されたのか。

この作成後の追跡と振り返りがないと、苦労して作成した資料が成功だったのかどうか、そしてそれに時間をかけたことが正しかったのかどうかがわからないのです。

もしうまくいかなければ、資料の提出先からフィードバックを得て次の資料作成に活かしましょう。

「5％社員」は積極的に他者のフィードバックを得ているのに対して、作業充実感に浸る95％の一般社員は他者から意見をもらうことの必要性をあまり感じていません。

「5％社員」の78％はフィードバックを得ようと自発的に行動していました。

プレゼンをした後の参加者や、会議後の主催者、失注した後の顧客に対して、自ら感想と評価を聞きにいき、成功と失敗の原因を突き止めようとしているのです。

さらに特徴的だったのは、成功したケースでも、改善点を聞きだそうとしている点です。

今回の調査で録り溜めた録音記録の中に、何度も相手に改善点を聞くシーンが17件残っていました。それは全て「5％社員」のものだったのです。

彼らは、成果を残したときであっても、その成果を継続させるため、もしくはさらに上を目指すために、改善点を探しているのです。

フィードバックを求められた相手は、顧客や関係性の低い人も含まれていたため、良かった点、褒めるべき点をフィードバックしていましたが、「5％社員」はそれに満足せず、「何でも良いので改善すべきポイントを教えてください」と食い下がっているのです。

95％の一般社員は、そもそも「フィードバック」という言葉を好む人が少ない傾向にあります。アンケートでは、一般社員のうち61％が「フィードバック＝ダメ出し」というネガティブな印象を持っていました。もちろん自分が傷つくのは嫌なので、率先してフィードバックを求めません。振り返りによる気づきがなければ、行動は進化していきませんので、幸運や勘に任せて良い成果が出ることを待つしかありません。

一方、「5％社員」の78％は他者からのフィードバックに対してポジティブな印象を持っており、アンケートの自由記入欄には「フィードバックは成功のタネ」と答えたり、「フィードバックはプレゼントと同じ」と記載する人までいました。

95%の一般社員は

平日も休日もこまめにメールチェックする

×
目の前のメールが気になって、返信をこなすことが目的になり疲弊する

○
オンとオフの切り替えをして、最高のパフォーマンスを出せるようにする

16万人の働き方を見てきたなかで、評価されない人の共通点があります。

徹夜・休日出勤して仕事すれば、どこかで認められるのではないと思い込んでいることです。

クライアント企業の社員には定期的に自分の行った作業を振り返るようにしてもらっています。16万人を対象にしたアンケートやヒアリングでわかったのは、一般社員の97％は「緊急性が高い仕事」に手を出していること。

緊急ということだけに目を奪われ、「緊急度は高いが重要度は低い仕事」にも時間を費やしていることに気づけないのです。

「5％社員」は、重要度を重視する

それに対して、成果を出している「5％社員」は、緊急度と重要度の2つの評価軸を持って仕事の優先順位を決めています。もちろん緊急度が高くても重要度が低いものには手を出しません。

しかし「5％社員」がとても特徴的なのは、緊急度は低いが重要度が高いことに時間を割いていることです。

彼らは、緊急度よりも重要度の評価軸を意識しています。これは目標達成志向という心構えからきているものです。

短い時間でより大きな成果を上げなくてはいけない現代の条件下では、重要度が低いものを見極め、勇気を出して手を出さないことが求められます。何とか時間を生み出して、**緊急度は低いが重要度が高いものに時間を割り当てられることができるか、というのが成果を出し続ける上でポイントになってきます。**

重要度が高ければ緊急度にかかわらずやらなくてはいけないのです。

メールチェックは、まさに重要度ではなく緊急度で処理されるケースが8割以上でした。もちろん来たメールを重要度にかかわらずどんどん返信できる卓越した処理能力と時間があれば良いのですが、一般社員にはその能力を持っている人が少ないのです。

ですから、「5%社員」が仮に処理能力が高くてメールの返信をバシバシと行っていても、それを一般社員に水平展開しても効果は出ません。

だから、重要度を意図的に意識することが重要になります。

脳を休めることで、本領を発揮できる

脳の集中力には限界があり、休息なしで脳の過負荷状態が続くと、仕事だけでなく健康にも深刻な影響が出ます。平日にフル稼働で疲れている脳には休養が必要で、休まないと結果として本来のパフォーマンスを発揮できません。

これまで関わった605社には、「休暇になっても、どうせやることがない。だから仕事する」と答える社員が23％いました。この23％の社員のうち、「思うような成果は残せていない。評価されていない」と答える人は63％いました。

一方、トップ「5％社員」は、「休日はしっかり休養する」と答えた人が79％もいます。家族とゆっくり食事をとってリラックスしたり、有酸素運動をして爽快感を得たりしています。

「5％社員」の休み方

個別アンケートで、トップ「5％社員」が休日にどのように過ごしているかを調査しました。同じ質問を95％の一般社員にも行いましたので、それと比較して「5％社員」の特

徴的な過ごし方を紹介します。

1 好きなことを自分で選んで自分でする

水泳、読書、買い物など、自分のテンションが上がるものを自分で選択して実践しています。自分で選ぶというのがポイントです。人は「自己選択権」に幸福を感じるので、「指示されるのではなく、自分で選択しているということが気分をアップさせる」と多くの方が答えていました。

2 適度に有酸素運動をする

酸素を取り込み汗をかくことでストレスを発散している人もいます。

例えば、「20分散歩に出る」「10分程度のストレッチをする」「30分程度軽く走る」ぐらいの運動をする人が多かったです。

特に、定期的にランニングをして、マラソン大会に参加する人も多くいました。「5%社員」で定期的にランニングしている人の比率は、95%の一般社員の3倍以上でした。さらに、そのランニングを通して、社外の人脈を広げている人も多くいました。「5%社員」のなかでも女性は、ヨガとピラティスしている人の比率が高かったです。男性ではボルダリングをしている人の比率が高かったです。定期的にゴルフをしている人の比率は、「5％社員」と一般社員で差がありませんでした。

3 読書

本をよく読むのも「5％社員」の特徴です。

28社のアンケートでは、平均で1年につき2・2冊の読書をしていました。

一方、「5％社員」はその20倍の48・2冊を年間で読んでいました。

この読書には、デジタルデトックスの効果もあります。「読書の時間にスマホを触らない」というだけで、リラックスでき自律神経を整えることができます。「5％社員」は夜寝る前にスマホを触ることなく読書している人が多かったのも特徴的でした。

金曜日は仕事効率が高い

22社約9000人を対象に調査したところ、長期休暇や週末の休みが近づいていると思うだけで、仕事の効率が上がることがわかりました。

週末の直前、つまり金曜日は業務効率が高くなる傾向にあります。特に「5％社員」は、金曜日に「やらない作業を決める」ことが多いと答える人が30%以上いました。迫りくる週末に向けて、できない作業を勇気を出してやめるのです。これは、「締め切り効果」ともいわれます。

追加調査で、この金曜日にやめた作業は、「結果的に必要なかった。やらなくてよかった」と回答した人が83%もいましたから、「5%社員」の判断は正しかったのです。

休日中は脳をしっかり休めてリフレッシュした状態で月曜をスタートし、休日を意識することで、金曜日にやめる業務を決めて効率を高めるのが「5%社員」の過ごし方です。

95%の一般社員は

重要そうな資料を用意してしまう

× 長時間かけて膨大な資料を魂こめて作る

○ 成果を出すことに集中したシンプルな資料を短時間で作る

妄想が23%の無駄な資料を生む

資料に関するアンケートを行ったところ、95%の一般社員の回答は、次のようなものでした。

「資料をしっかり作らないと上司に怒られるのではないか」
「しっかり伝えるために資料を作る」
「重要そうな情報を盛り込んでおきたい」
「質問されそうな内容は資料に入れておく」

例えば、経営会議では気合を入れて資料を作成する人が多いです。しかし、頑張って作成した資料の20%程度は経営会議で使われていませんでした。従業員800名以上のクライアント企業67社では、役員会議を1時間開催するのに、現場の社員たちは70〜80時間かけて資料作成を準備していました。

しかしながら、実際に議論されるどころか、めくられることすらなかった資料は23%もあり、それを用意する時間は不要だったわけです。

資料をたくさん作れば評価されるだろうという妄想を持ち、夜遅くまで頑張って資料を作成して完成したら充実感を得て、本番では使われず評価もされない……これが95％の一般社員によくあることなのです。

重要「そうな」資料の93％は必要なかった

製造業と情報通信業のクライアント3社で、重要「そうな」資料がその後本当に使用されたのかを検証したことがありました。

このクライアント3社はペーパーレスを強く推進するために、保管する紙資料を減らすプロジェクトを進めていました。最初はペーパーレスに反対する社員が多く、1～2年目は正直うまくいきませんでした。

そこで、組織変更や部署異動、オフィス移転の際に、その後に使用するであろう重要「そうな」資料にラベルを張り、それが1年以内に使用されたかどうかを確認しました。

調査対象は720文書で約1・2万枚におよぶ資料でしたが、その93％は使われるどころか触られることすらありませんでした。重要「そうな」資料は、保有者の勝手な思い込みであり、保管スペースを奪う元凶になっていたのです。

評価の対象は努力ではなく成果に

20年前に営業担当であった私は、大型案件を獲得するためにパワーポイントで提案資料を作り込み、入札に参加しました。

第一次審査で、先方の担当者は私の資料の中身を見ずに作成枚数を数え始めたのです。すると「他社よりも50枚少ないので、再提出してください」と言われました。

その事実を知った当時の上司は、提案書の中身を見なかった相手を批判するのではなく、資料枚数が少なかった私を激しく怒ったのです。

「本当にその案件を受注したいのであれば、魂を込めて資料をたくさん作れ」と質ではなく量の指示をしてきました。

その案件をどうしても受注したかった私は、徹夜して資料を作り直し、翌日に提案資料を再提出して、何とか次の選定フェーズに進むことができました。20年前は、成果ではなく努力で相手を評価してしまう傾向がありました。

その流れをひきずっている中高年社員は大企業に多く存在しています。世界の中で競争力があった20年前の日本企業では、「言われたことだけやる」部下が求められていたのです。

上司から言われたとおりにすれば売上げが右肩上がりで伸びていく少品種・大量生産の時代ですから、上司や会社への忠誠心が問われていました。言われた通りに動く働きアリをたくさん集めたほうが会社は儲かるのです。

このビジネスモデルでは、どれだけ会社に忠誠心があるか、どれだけ汗をかいて頑張ってきたが人事評価につながっていたのです。

しかし、今多くのビジネスパーソンが苦労しているのは、「自分たちで考えてやれ」と言われること。

商品の機能ではなく、その機能が生み出す価値や体験にお金を出す「コト消費」に変わった現代では、顧客の欲しいものが複雑で見えにくくなりました。そうなると現場の社員が市場のニーズを把握し、その需要と供給のギャップを即座に埋めることが求められているのです。商品をサプライ（供給）することではなく、顧客の課題を解決するソリューションやイノベーションが必要になったのです。

会社は成果に対して評価するようになり、徹夜して苦労したというだけでは評価されにくくなっています。

むしろ、働き方改革関連法案の影響で、残業する人は評価が低くなっているのが実情です。各社で評価されている「5％社員」は、より短い時間で成果を出し続けています。

95%の一般社員は

作業効率が上がったことに満足する

× どんどん仕事をこなしていくことに充実感を得る

○ 重要な仕事に時間を割き、効率と効果を高めることに集中する

目の前の仕事しか見えず、無駄なことをしてしまう

仕事をこなすことを目指してはいけません。

いくら資料作成が得意で1時間に何10枚も資料が作れても、それが使われなければ意味がありません。

「95%」の一般社員の中には、仕事をたくさんこなすことを「効率がいい」と勘違いしている人がいます。

本質を理解している「5%社員」は、「必要な仕事を短い時間で終わらせたら効率がいい」と捉えています。緊急度の高い仕事ばかりこなしていると、この違いに気づきにくくなりますので、仕事を引き受ける前に「そもそもこの仕事は必要か」を自問する行動をとっています。

緊急度だけを基準に仕事に取り組むと、「緊急度は低いけど、重要度が高い仕事」を放置することになってしまいます。

現在の無駄な時間を圧縮し、未来に必要になることに投資することが変化への対応力を高めます。

この時間の再配置は、中長期的な成長や改善に欠かせないのですが、今日やらなくても

死なないので、置き去りになってしまいがちです。

しかし、重要度が高いことですから、放っておくと徐々に自分を苦しい状況に追い詰めます。納期が先だからといって放置して、納期ぎりぎりになって徹夜して作業を完了させようとするとミスが多く、アウトプットの質も落ちるので、結果として良い成果は残せません。

目の前の緊急度に負けることなく、しっかりとチェックポイントを設けて、重要な仕事に取り組んでいるかどうかを確認しないといけません。

「5%社員」は、重要な仕事を終わらせるためにいつまでに何をしてなくてはいけないかを逆算してスケジュールを決めます。週に15分は進捗を確認するチェックポイントを設けて、「順調な状態」を維持させていくのです。

「5%社員」が設けているチェックポイントによって、緊急度が高くても重要度が低いことをやめることができます。

例えば、設計図面をついつい凝ってしまい、クライアントの期待から逸れた緻密な図面を長時間かけて制作してしまうケースです。上司に気に入られようときれいすぎる資料を休日に作成するのもこの類です。

「5%社員」のように目的を常に意識して、正しい手段を選択して最小限の時間を投じないといけません。

思い違いや自己満足をやめるために、目的と進捗を確認する時間を取ることが大切です。「5%社員」は作業中、1時間に1回以上の休憩・進捗確認をしています。

緊急度は低いが、重要度が高い仕事に時間を費やすために

定型作業にかける時間を短縮すると、時間を確保できます。しかし、「ただ時間を削減する」と考えるとモチベーションが下がってしまいます。

そこで、「未来のために時間を作り出す」というポジティブな心構えが必要です。約2万2000人のビジネスパーソンに対するアンケートで、「前向きな気持ちだと作業効率が高い」と回答した人は71%もいました。

仕事の処理スピードを上げるには、手順を見直したり、スキルを向上させたり、ITを活用したりします。現在、何に時間を割いているかを分析することも必要です。無駄が見えなければ、それをなくそうと思わないからです。

95%の一般社員が時間を無駄に使いやすいのは、時間に余裕がある時です。

余裕がある時ほど時間を無駄遣いし、納期が近づき追い詰められると時間を効率的に使います。このように「緊急度に弱い」ことを理解して、余裕のある時ほど、意図的に振り返りの時間に当てる習慣を身に付けましょう。2回、3回意識して振り返りタイムを確保したら、そのあとは自然と振り返るようになります。

レスポンスの速さでチームをスピードアップさせる

「5%社員」の特筆すべき点は、上司やチームメンバー、顧客への連絡の迅速さです。小さなことでも、すぐに報告の連絡をして、自分の中で閉じることをしません。

95%の一般社員は、自分でも気づかないうちに連絡をするのを忘れていたり、遅れてしまったりします。

「5%社員」は、報連相（報告・連絡・相談）を怠ることはありません。

また、相手が連絡した際にもレスポンスが早く返ってくるケースが多いです。

「5%社員」は周囲から「あの人は実は複数いるのではないか」と噂されるほど、反応が早くそしてマルチタスクでこなしていきます。

返信が早いと、相手は待ち時間がなくなり、とてもスムーズに仕事を進めることができます。

反対に、返信が遅い人はそのせいで相手をイライラさせてしまう可能性があります。

スマートフォンが普及して、いつでもどこでも連絡が取れるようになってしまった現代だからこそ、返信の速さというのは重要視されてしまいます。

夜遅いのに早く返答する必要はありません。業務時間中にビジネスチャットを使いこなし短いメッセージで用件を済ましたほうが、相手の生産性も上がるのです。

95％の一般社員は

多くの情報はネットで検索できると思っている

×
すべてインターネットで検索する

○
検索の目的を明確にして、目的に合わせて検索手段を変える

インプットは効率と効果を考える

ビジネスは、アウトプットによって評価されるので、しっかりとインプットしないといけません。情報を集めることが目的であってはならず、必要な情報を見極めて最短距離でそれを獲得するのが「5%社員」です。

一方、95%の一般社員は、情報を探すことが目的になるケースが散見されました。8万2000人に対するアンケートで、「情報を集めるときにまず何をするか」という設問に対して自由回答を求めたところ、その多くが「Googleで検索する」というものでした。

便利さを求めればテクノロジーに帰結しますが、そこには危うさもあります。それは、情報収集の効率が高い反動として、多くの人が獲得可能であるということです。

欲しい情報のありかとその検索方法が一般化していけばいくほど、その特定の情報源にアクセスできる人は多くなるので、その情報がもつ希少性は低くなります。

誰でも入手可能な情報を相手に伝えるのは、その入手コストや探索コスト、そしてその情報そのものの価値、どれをとってもお金をもらう対象にはなりえません。

なぜなら、ビジネスはギャップを埋めることで成り立つからです。

ビジネスはギャップを埋めることで成り立つ

世界初の株式会社である東インド会社もこのギャップを使ってビジネスを行いました。インドで簡単に入手可能な胡椒や紅茶を、ヨーロッパの貴族たちに高く売ることでお金儲けをしたわけです。

胡椒の価格は一時ゴールドよりも高くなり、その獲得のために戦争が起きるほどになりました。これは、情報と場所、課題の3つのギャップを東インド会社が発見し、埋めたことによって財を成した例です。インドで胡椒や紅茶が簡単に手に入るという情報を、ヨーロッパの貴族は知りませんでしたので、疑いなく大金を出していました。

また、当時は自由にインドへ行くことができなかったので、地理ギャップもありました。さらに、ヨーロッパの貴族たちが感じていた肉の生臭さや、戦争が多い中でゆとりのある時間を設けたいという潜在的なニーズを掘り起こし、胡椒と紅茶を提供したのも東インド会社の妙です。

現在の情報化社会では、このような情報ギャップは生まれにくいように思われがちです。実際にブラジルの市場で売っているトマトの値段すらわかる時代ですから、情報の希少性は薄らいでいます。しかし、欲しいのに獲得できない情報や、その存在すら知られてない情報は、ビジネスのタネになります。これだけ情報化された社会であっても、その情報ギャップをうまく活用して成功している企業は多数存在しています。

例えばリクルートです。

転職活動をしたいビジネスパーソンたちは周りの人に気づかれないように、求職情報や面接の仕方などの情報収集に当たります。そういった転職予備軍が欲しがる情報を、リクルートは1カ所に集積させアクセス数を稼ぎます。

一方、人手不足で中途採用を増やしたい企業は、転職希望者を見つけたくても見つけられません。そこでリクルートは、転職希望者が集まるサイトに採用をしたい企業の広告スペースを売っているわけです。この情報ギャップは、何十年も続いており、リクルートの根幹ビジネスになっています。こういったギャップは転職希望者の情報というだけではなく、例えば住宅情報であれば「SUUMO」になりますし、結婚情報であれば「ゼクシィ」に変わるわけです。

つまりどの時代にも情報ギャップというのは発生しています。

にもかかわらず、誰でもアクセス可能なGoogle検索によって得た情報で稼ごうとするのはお門違いです。そもそもGoogleは広告を生業にしています。

Google検索した結果の上位に、リスティングなどということで広告料をより多く払っている企業の宣伝が上位に出るわけです。つまり検索したキーワードに対して、意図的に広告を出しているわけですから、恣意的に広告サイトへ誘導されることもあります。

またアフィリエイト広告で稼ぎたい人たちは、検索されやすいキーワードを意図的にサイトに埋め込みますから、検索者の意思にかかわらず、そういったキーワードが埋め込まれたサイトへ誘導されがちです。

つまり、目的意識をはっきりしてGoogle検索をしないと意図に反して、広告サイトに誘導されるのです。Googleアカウントにログインして検索していれば、その人の属性がGoogleに伝わり、クリックしやすいサイトが上位にでるので、情報を探すはずであったのが情報を吸い上げられる結果になるわけです。

このことからも、情報検索にはしっかりと目的意識を持って、ダラダラと検索して誘導されないことが重要です。「5％社員」はこの点も理解しているので、検索の前にしっかりと目的意識を持ち、検索時間を抑える傾向にあります。また、ネットでは希少性の高い情報は獲得できないと割り切って、その他のメディアソースから検索しようとするのも「5％社員」の特徴です。彼らは、希少性が高く、かつ重要な情報はネットではなく、人に紐付けられていると感じているようです。

「5％社員」は、テレビよりも書籍によって情報収集しようとする傾向もあります。また情報ソースは、ネットに縛られることなく、専門書や人づての情報を積極的に集めようとしています。

このことは、社内外の人脈を広げようとする「5％社員」の行動につながってきます。「5％社員」の言動を調査する中で、彼らは定期的に情報収集の仕組み（キュレーション）を先に構築していました。そして希少性の高い情報を人との会話によって得ようとしていることもわかりました。実際にその人脈は95％の一般社員よりも格段に広いことがわかっています。そして追加アンケートでわかったのは、彼らが人脈を広げる理由の63％が情報収集ということでした。

95%の一般社員は

問題が起きたら、すぐ解決策を考える

×
一時的な解決をしてしまい、また同じ問題が発生する

○
問題の根本原因をとらえ、その対処をするので同じ問題は発生しない

表面的な解決に走ってしまうリスク

ビジネスにおいて問題が起きたときにどうすればいいのか、基本的な対処法を知らないと、戸惑ったり、かえって問題を複雑にしたりしてしまい、解決が遅くなる一方です。

95%の一般社員は、課題が確認できたらすぐその解決策を考えようとします。一般社員の多くは、問題が起こったとき、どこから手をつければよいかわからず、前に進まなかったり、とりあえず手当たり次第に思い付きで行動してしまったりすることがあります。過去の経験を元に解決したり、できないことを永遠に言い続けて何もやらなかったり、完璧な情報集めのために長時間Google検索したり高額な報酬を払ってコンサルタントに調べさせたりします。

すると、スムーズに解決できなかったり、また同じ問題が発生してしまったりします。複雑な問題ほど、解決しようとすると戸惑い、暗闇を歩いている感覚に陥りますが、問題の本質をとらえポイントを整理し、その上で解決を試みたほうがスムーズにいきます。

95%の一般社員は目の前の課題を解決することに注力してしまいがちです。解決することに目がいってしまうと、問題を漠然と捉えてしまう可能性もあり、根本解決ができません。問題の本質にたどり着かないと、一時的に解決したとしても再び問題が発生します。

また、「この問題には、この解決策しかない」と決め込んでしまうのも危険です。もしその解決策がうまくいかなかったら、エネルギーを浪費してモチベーションが下がり、再び解決策を講じる気力が失せてしまうからです。

「5％社員」は課題を解決するための「型」をもっています。成果を出し続けるために再現性のある解決方法を蓄積しようとしているのです。

この「型」は課題解決だけでなく、マーケティングや新規事業開発にも役立ちます。「5％社員」の課題解決方法を調査する上で、「デザイン思考」と似ていることがわかりました。

「なぜ？」が起点となるデザイン思考のアプローチ

「デザイン思考」とは、ユーザーの痛みや悩みを理解し、その発生原因を定義して仮説を立て（プロトタイピング）、それを外部のヒアリングを元に解決策を改良していく問題解決の「型」です。「どうやって」解決するかの前に、「なぜ」その問題が発生したのかを追求するのです。

「デザイン思考」では、ビジネス専門家、エンジニア、デザイナーが三位一体となって進

デザイン思考5つのステップ

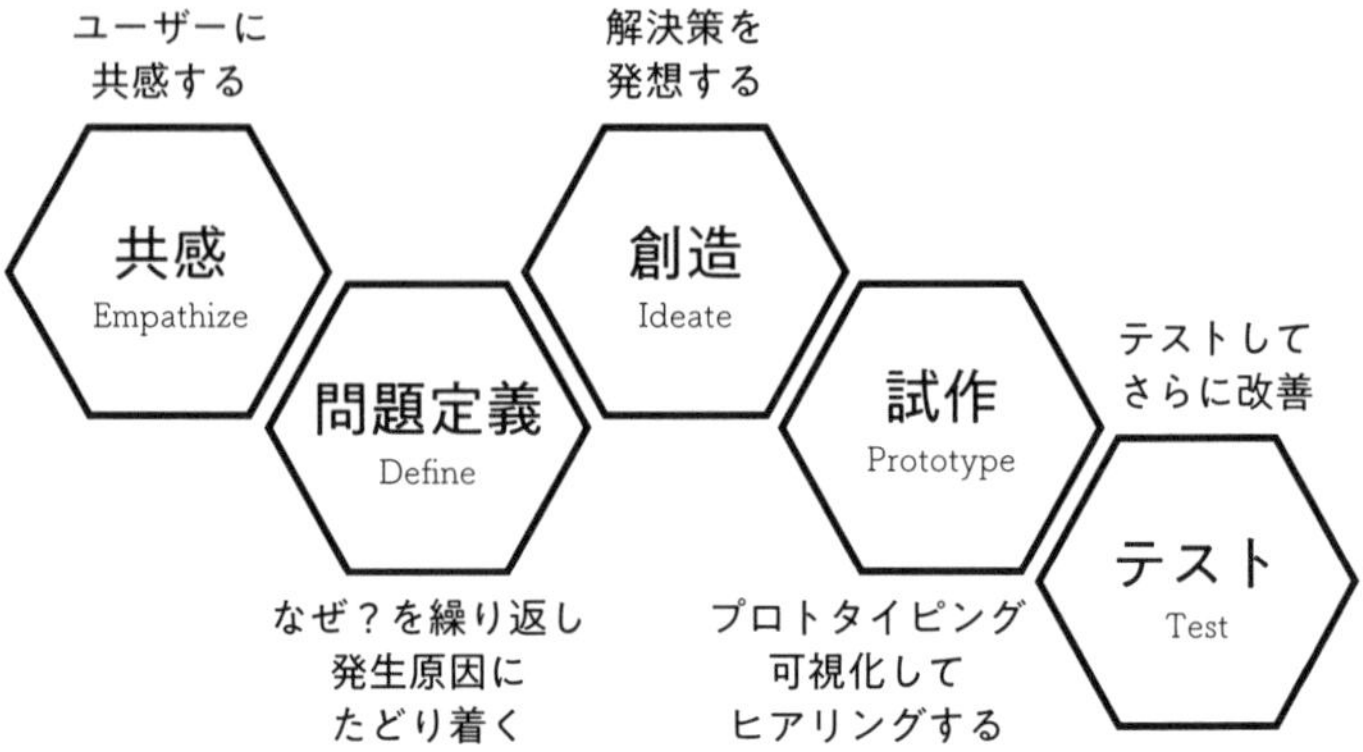

めているプロジェクトの「型」です。なかでもメンバー間のコミュニケーションを重視します。

アイデア出しは質ではなく量にこだわり、まず心理的安全性を確保して言いたいことを言える状況にします。

その上で、何が問題か、問題の本質は何か、根本的に解決する策は何か、といった活発な意見交換が必要になります。

複雑な問題をシンプルに考え、解決すべき課題の本質を的確に掴みます。一見難解な課題も、一つひとつステップに沿って、要素を解きほぐしていけばその本質は意外とシンプルだったことに気づき、根本から解決できる確率が高まります。

「5％社員」は、問題を見つけるところからスタートします。何かトラブルが起こったとき、何が問題の発生原因なのかを特定します。

次に、その問題がどのような問題なのかを分析し、なぜ起こったのかといった発生原因を掘り下げます。

そして、そこから仮説を立てて、それらの複数考えられる原因のうち、どれが有力なのかを検証するために最低限の情報収集を行い、どこに根本的な原因があるのかを突き止めるのです。根本原因がわかれば、その解決計画を立てていきます。原因に対しての対処方法、再発防止策を立て実行していきます。

問題が発生すると、すぐに見えるところから解決しようと思ってしまいがちですが、「5％社員」のように、「①問題発見」→「②問題分析」→「③解決策立案」といった順で整理して考えていくと、最短距離で問題を解決できます。

第2章

トップ「5%社員」のシンプルな思考と行動

トップ「5%社員」は

達成感を大切にする

○ 自分の目指すべき姿に向かって仕事をする

× 他者から認められることを目指して仕事をする

金曜の夜に幸せを感じる「5%社員」

クライアント企業の社員総計16万人に対して実施したアンケートで、「幸せを感じるのはいつですか?」と聞くと、一般社員の57%は「土曜日の朝」と答えていました。

この57%の一般社員は、「目の前の作業に追われて、あっと間に日々が過ぎていく」と感じており、徒労感にさいなまれていました。「5%社員」に比べると労働時間が長く、それが上司からの評価につながらないことも多く、稼働日は疲労感を持っています。

その状態で、土日の休日に入りますので、十分に睡眠をとれれば幸せを感じます。平日とは違い、目覚まし時計のアラームをセットしないで済む「土曜の朝」に幸せを感じる一般社員が多いようです。

一方、トップ「5%社員」の回答を分析してみると、最も幸せを感じていたのは「金曜日の夜」でした。ストレスいっぱいの仕事から解放されて、休日が訪れる前の日はワクワクするものです。

しかし、「5%社員」が感じていたのは解放感ではなく達成感であることが追加ヒアリングによって判明しました。

彼らの62％が達成感をもったときに働きがいを感じています。仕事から解放される喜びではなく、達成と成長を目指し、それを感じられた時に幸せを感じているのです。

思うように成果が出せずに徒労感と疲労感をもつ一般社員は、それから解放された「土曜の朝」に幸せを感じ、「5％社員」はしっかりと目標を立ててそれを達成した「金曜の夜」に幸せを感じるのが特徴であることがわかりました。

目標があるから達成がある

「5％社員」に追加ヒアリングをすると、個々人が持つビジョンや方針が明確でした。「同じミスを二度としない」「昨日の自分よりも今日の自分が成長していたい」というコメントが多く出てきました。

つまり彼らは、改善と成長を目指しており、それに向けて仕事をしているという感覚を持っているのです。仕事をすること自体が目的ではなく、その仕事によって生まれた成果を重視しています。ですから作業が終わった瞬間ではなく、その作業が成果になったときに目標に到達し、達成感を得るというメカニズムです。

このことを組織全体に浸透させるのであれば、自己実現という堅苦しい言葉を使うのではなく、シンプルに目的思考を徹底するのが効果的です。

その作業は何のためにやっているのか、何をもって成功とするのか。この2つの質問を問い続けてみてください。

クライアント企業8社でやった行動実験では、目的を明確にして作業したグループAと、目的を不明瞭にしたまま作業をスタートしたBでは、明らかに差が出ました。

実験をした4社とも目的を明確にしたグループAのほうが、作業時間が12％短く、アウトプットの質は高かったのです。

「5％社員」が目指すのは自己実現

さらに掘り下げると、目指している欲求レベルが違うこともわかりました。

アメリカの心理学者マズローの有名な学説では、欲求レベルは5段階あり、次のページの図のように下から順に欲求レベルが上がっていきます。

日本は発展途上国ではありませんので、生理的欲求は満たされている人が多く、「安全欲求」も多くのビジネスパーソンが満たされていると思われます。

マズロー 欲求5段階説

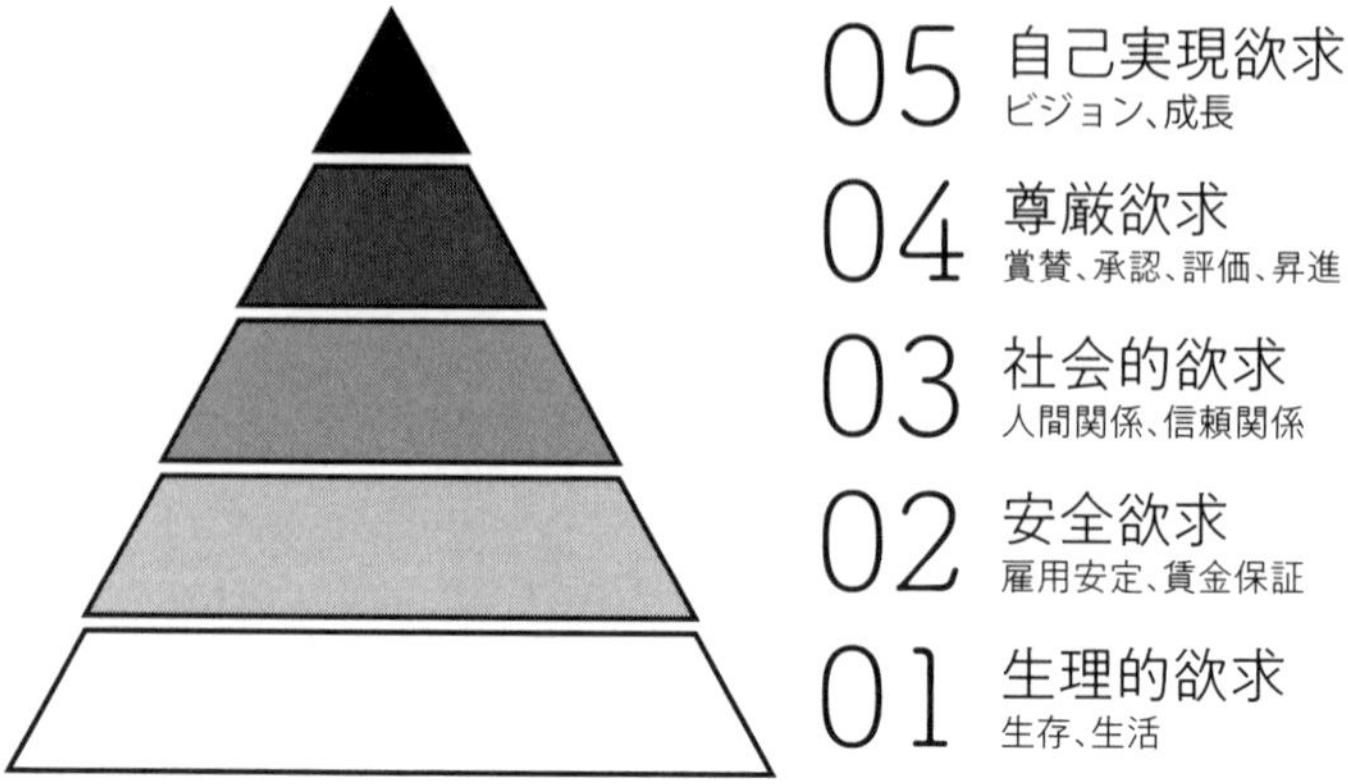

その次の欲求レベルは「社会的欲求」で、人間関係がうまくいくことや、相手から信頼される関係になることを望んでいきます。さらにその次の4段階目が「尊厳欲求」で、承認欲求とも言われます。

16万人を対象とした働きがい調査では、「尊厳欲求」に関する回答が最も多かったのです。「お客様に感謝されたとき」や、「社内でありがとうと言われたとき」「上司の上司に名前で呼んでもらうこと」などに働きがいを感じるというコメントが続出しました。この尊厳欲求には、自分は努力せずに「あれして！　これして！」と要求する社員が含まれています。

つまり、この尊厳欲求は相手があってこそ満たされる欲求ですので、相手からの「承認」が、自分が期待する「承認」を下回ると、不安や不満が生まれてしまいます。承認するのは相手ですので、自分でコントロールがしづらくストレスの原因になります。

最後の5段階目の「自己実現欲求」は、あくまでも主体が自分自身であり、自分のなりたい姿に向けて成長したい、なりたい姿に到達したいという欲求です。どの欲求レベルが良いとか悪いとかということではなく、どの欲求を目指しているかによって行動が変わってくるということです。

「5%社員」はその多くが尊厳欲求を超えて自己実現欲求を目指していることがわかりました。つまり主体は自分であり、自分でできることと自分でできないことをしっかりと区分けして、自分でコントロールできる範囲の中でどのように自分が目指す姿に近づいていくかということを考えています。

つまり、自分でコントロールしにくい「相手からの承認」に依存することなく、自分が成長することを目指しています。相手にどう評価されるかではなく、自分の目指すべき姿にどれぐらい近づいたかが重要なのです。

この自己実現欲求は、人手不足の中で企業として社員のモチベーションを高めていく上で不可欠な要素です。

他社へ転職する退職者を減らすため、そして優秀な人材を他社から採用するために、給与水準を高めるのが常とう手段でしたが、その効果は薄まりつつあります。

とくにトップ「5%社員」は自己実現のための成長を望んでおり、また多くの社員は働きがいを欲しています。

一時的な金銭報酬ではなく、自分がその仕事を通じて成長したい、自分はその仕事をすることで自分の存在意義を感じたい、という要望が高まっています。高い報酬を得ることだけを働く目的にする社員は年々減っています。

2016年12月に7623名に対して行った調査では「転職する際に給与報酬を最優先に会社を決めている」と答えたのは43%とダントツで1位でしたが、それから3年後の2019年12月に同調査を8905名に行ったところ、給与報酬を最優先に会社を決めていると答えたのは34%と、3年で9%も落ちたのです。

一方、「やりがい、働きがいを最優先に転職先を決める」と答えたビジネスパーソンは18%（2016年）から26%（2019年）と8ポイントもアップしています。

自分がその仕事をやりたい、自分はその仕事をやることに価値があるというポジティブな感情が心に宿ると、市場や環境の変化を恐怖ではなく挑戦と捉えるようになります。

この変化への対応力を高めることが、企業も個人も長く生き抜くためには必要な要素であることは歴史が証明しています。

一時的な金銭報酬に固執するのではなく、自分が目指す姿に近づけるように目的を意識した行動をすることで、目標を達成しやすく、そして働きがいを得やすいのです。

トップ「5%社員」は

新しい挑戦にはデメリットがあることを理解している

○ 失敗によって得た学びを次に活かせば成功に近づくと考える

× 失敗のリスクを考えて何もしない

新しいことを始めたり、前例のないことに挑戦したり、何かを変えようと行動を起こすことは、必ず大なり小なりのリスクが発生することになります。

かといって、現状維持のまま新しい行動を起こさず、挑戦もせず、何もしなければリスクがないかといえば、それは違います。外部の変化に対応せずに何もしないことのほうがリスクが多い時代です。何もしなければ、成長もしません。

つまり、挑戦することにも挑戦しないことにもリスクはあるので、ゼロリスクの考えを捨てることが重要です。

デメリットのない挑戦はない

そこで、「5%社員」は、新たな挑戦に対してメリット・デメリットをどのように捉えているかヒアリングしました。まとめると彼らは次のように捉えていました。

同じヒアリングを95%の一般社員にもしたのですが、「5%社員」は、新しい挑戦に対してデメリットがあると答えつつも、**「失敗を成功へのステップと捉えるならデメリットにはなり得ない」**と捉えているのです。

また、何も挑戦しないことに対して、失敗のリスクがないとはいえ、**「失敗を成功へのステップと捉えるならメリットとは言い難い」**と捉えています。

「5％社員」は失敗を未来の成功に向かっての学びの場と捉えているので、何もしないことにメリットはないと考えているのです。もちろん新しいことに挑戦する前には、その情報を集め、計画を練って、失敗のリスクを最小限にする努力は必須です。しかし、どれだけ情報収集しても、その挑戦が成功するか失敗するかは、結局はやってみないことにはわかりません。やってみてわかることもたくさんあります。

何も挑戦しないことのデメリットについても、「5％社員」は特徴的な見方をしています。外部環境が変わっていることを彼らはよく理解していますから、自分が変わらなければ劣化していき、過去に比べて相対的に価値が下がっていくと考えているのです。

彼ら「5％社員」は、新しいことに挑戦せずに愚痴ばかり言っている先輩社員から、過去の武勇伝を何度も聞いています。ですから、挑戦しない人は価値が下がっていくことを肌身で感じ、「こうならないようにしよう」と反面教師になっているのです。失敗したら振り返って反省し、そこで得た学びを次の行動に活かして修正していけば、成功する確率は上がります。あきらめずに挑戦を続ければ成功に辿りつくはずなのです。

成功する唯一の方法は、たくさんの失敗をすること

「5%社員」は、失敗の先に成功があることを知っています。一般社員の発言を聞くと、成功は失敗との二者択一の片方であるように思えます。しかし「5%社員」は、成功は失敗との積み重ねの先にあることを理解しています。もちろん致命的な失敗をしないように最低限の準備はしますが、その回避策は、すぐに小さく始めて修正することだと心がけています。

外部の変化に対応していくには、新しいことに挑戦していくしかありません。

そして、「5%社員」が言うように挑戦には必ずデメリットが含まれていることも理解しないといけません。このデメリットばかりに目がいって、リスクをゼロにしようとすると時間も費用もかかり結果的に行動を起こしにくくなっていきます。

「5%社員」は、デメリットありきで、メリットのほうが大きければ行動する習慣を持っています。

「デメリットをどうやって潰すか」ということよりもメリットを享受することの意義をしっかりと腹落ちさせて、その上で行動に出るのです。

こうやって最初に目的がわかれば、やらない理由を探すのではなく、やるためにどのように行動すべきかという前向きな姿勢になります。

見えないリスクをいくら論じていても先に進めませんから、まず小さく始めて修正しながらリスクを最小化していくことで、結果的に成功に近づいていきます。

トップ「5％社員」は

完璧を目指さない

○
8割の精度や目標値などを設定して、どんどん前へ進む

×
完璧を目指して、準備だけに時間がかかり、前へ進めない

100%の情報は集められない

100%の情報を集めようとするグループAと、およそ6割程度の情報が集まったら行動に移るグループBとで比較実験をしました。

グループAは十分な準備時間をとっており、自信を持って行動に移しているものの、初動が遅かったのが特徴的です。一方グループBは、情報収集に時間をさほどかけなかったものの、行動を起こすタイミングが圧倒的にグループAよりも早く、しっかり振り返りの時間を確保できたため、学びを次の行動に活かすことができ、大きく改善する傾向にありました。

つまり、はじめから完璧を目指すのではなく、途中で修正しながら進んでいくほうが成果を残しやすいのです。6割7割ほどに抑えて情報を集めて、すぐに行動する心構えを「5%社員」は持っています。ですから、ある程度の精度と時間を決めて効率的に情報収集しています。

また、「情報を取りにいく」という情報収集は、検索するのに時間がかかります。**定期的に調べたいキーワードを設定しておいて、自動でその関連ニュースを集める仕組みを作ったほうが効率的です。**

例えば特定の情報を集めたい場合は、キーワードを入力して検索することになると思いますが、そのキーワードを何度も検索するのであればGoogleアラートという機能を使います。調べたいキーワードを事前に登録しておいて、その情報がインターネットに流れてきたら通知がくるというような仕組みです。

常に完璧を目指して努力していると、ペースが落ちてしまいます。

「5%社員」は、「8割」といった精度の目標値や、作業時間を設定し、意図的に完璧を目指さないようしています。そのおかげで、どんどん先へ進んで、行動量が増え、結果として成果を残しやすくなるのです。

完璧主義すぎると、行動力が落ちる

せっかくクリエイティブなアイデアを出しても、実現しなければ意味がありません。

計画に時間をかけ100%完璧を目指して計画を立てると、準備に大量の時間をかけ、行動すら起こさずに終わってしまうこともあります。

今回のトップ「5%社員」に完璧主義者はいませんでした。むしろ彼らは本質を見抜き、要点だけ押さえてズルをするので、100%の情報を集めようともしていませんでした。

完璧を目指さないと楽になる

完璧を目指していると、例えばパワーポイントの資料作成1つ取っても、時間をかけ過ぎてしまいます。自分が完璧だと思うものを作りたくなりますし、上司や顧客に驚いてもらおうと考えると、残業してでもいいものを仕上げようとしてしまいます。そして周りのメンバーが完成度8割くらいの資料を提出していると、「あの人はまともに仕事をしない人だ」と見下して、イライラしてしまったりするものです。

完璧を目指していると、こんな風に息苦しくなります。こうやって完璧を目指す考え方自体が悪いというわけではありません。やる気がなく手を抜く人より称賛されるべきです。しかし、「より短い時間でより大きな成果を残す」というルールの中では、やめるべきことを決めないといけません。

周りのメンバーを巻き込んでチームとして難しい課題を解決しないといけないので、イライラしていては周りに迷惑をかけます。完璧主義の人は自分一人で抱え込もうとする癖もあるので、もう少し楽に考えたほうが人生を楽しむこともできます。

狙って小さな失敗をする「5%社員」もいる

しかし「5%社員」であってもミスはしますし、失敗を恐れる人はいます。臆病で用心深い人が実は多いのです。

失敗の積み重ねで成功につながることを頭では理解していても、失敗を恐れる「5%社員」は3割ほどいます。しかし、失敗を避けると、成長ができなくなることも知っていますので、あえてミスを体験することもあります。

再現性を重視しているので、失敗してしまうパターンを知っておき、大事な時には失敗を避ける方法やリスクを最小限にする方法を知っておくためです。

意図的に失敗を犯してみることで、失敗すると実際にどうなるか体験します。

例えば、メールやチャットの文字入力をあえて念入りにチェックせず、タイプミスしてもそのまま送ってみるのです。すると、思っていた以上に影響がなく、大したことではないことを体験します。Girls Who Code創設者のレシュマ・サウジャニは「失敗してみると、完璧を目指すのがいかに無意味なことかわかる」と言っています。

仕事や私生活で失敗したくないことがあるなら、そんな時こそ、「5%社員」の一部が実践している小さなミス実験を試してみるとよいでしょう。

トップ「5%社員」は

再現性を大切にする

○ 成果を出し続けるルールを見つけ出すために行動実験をする

× 一時的な成果が出ただけで喜び、満足する

特定のことができるようになる状態を目指す

自分がこれまでどんな経験をして、成功したり失敗したりしたのかは、あなた自身しか知り得えません。そのため、人やビジネスの価値は「再現性」で決まります。

成果を残し評価されているトップ「5%社員」は、経験が特殊だったり、特殊なスキルがあったり、役職についていたりと、その経歴や肩書きに目がいきがちです。

確かに「5%社員」には優れたスキルや能力が伴っています。しかし、そのスキルや能力を使って常に成果を出すことが重要であり、スキルを持っていること自体には意味がありません。例えば、プログラミング言語を知っていても、それを使って開発してこそ価値があるのです。

「5%社員」は、自身がもつスキルや能力を遺憾なく発揮し、社内外でインパクトを与えています。彼らは社内異動しても、しばらくしたら突出した成果を残しますし、社外に転職してもインパクトを与えます。外部環境や条件などの影響度を抑え、能力を発揮する考え方と行動を身につけているのです。

スキルや能力があるということは、「特定のことができる」と自己発信し、みんなに認められている状態にあります。さらにいうと、**「特定のことをできるようになる」という**

状態は、「特定のことを再現できる」という状態であることを指します。

業界のトップセールスマンと評判の高い営業マンがいました。上場一部の会社に勤めており、数々の大型商談を成功させてきたことから、大勢の部下を管理するマネージャーとしてもチームで成果を残した彼は世間でも認められており、引く手あまたです。

このセールスマンの価値は、「再現性をもって商談を再び成功させることができること」、そしてマネージャーとして「マネジメント経験があるので再現性をもってどのような環境でも部下をマネジメントできること」です。

「上場企業の会社」「マネージャー」というのはただの飾りで、本質的な価値はその人が再現性をもって何を実現できるのかということなのです。

経歴や経験だけにこだわっても意味がありません。それはただの過去の栄光であり、その経験からどんな学びを得て再現できるかどうかに尽きます。「時代の流れに偶然マッチしたからラッキーなことに一瞬儲かった！」と喜んでいては、会社はすぐに倒産します。価値のある会社とは、再現性のあるビジネスモデルを作り、時代の変化に合わせて儲け方を変えることができる会社です。

なぜ上手くいったのか、どうして上手くいかなかったのかを冷静に分析し、その仕組みやプロセスを徹底的に掘り下げ、エッセンスを抽出して、その先に活かせると、企業は発展し存続し続けます。

自身の価値を高めたいと思うのであれば、過去の成功や失敗の経験から物事を再現できるようになれば良いのです。

本質的な価値とは、なぜそれがうまくいったのか、その構造やプロセスを解き明かし再現できることなのです。

失敗しても成功しても必ず原因を把握する

ミスをした時「どうしてこうなったんだろう」と原因を把握して改善しようとするだけで満足していては、再現性が高い人にはなれません。

振り返り作業は、ミスをした時だけでなく、成功した時でもやったほうが良いからです。ただ失敗を振り返っているだけでは、同じミスは防げても同じように成功できる可能性は低くなります。

成功にも必ず要因があります。それをしっかり把握すれば、成功までの道のりがわかるようになるはずです。それが安定して高い成果を出し続けることにつながります。

手順化する、習慣化する

今回、「5％社員」の調査を通じて私が学んだことは、手順化することの大切さです。「5％社員」は、成功した時に、その手順をまとめていきます。手順化をまとめた後は、それを習慣化できるように何度も繰り返すよう意識しています。手順化して習慣化することは、成功への近道だけでなく、時短にもつながります。

ただし「絶対にこの手順が合っている」とは思っていません。「5％社員」は、常にもっと良い方法はないか模索して、日々進化させています。「5％社員」は高い評価をもらっているにもかかわらず、現状に満足しません。

だからこそ、日々行動を変えていって振り返って改善するという「行動実験」が習慣化されています。彼らのように、「さらに良くなりたい」という改善の欲求がないと、成長は止まります。こういった行動実験を続けていかないと、「再現性をもった人」ではなく、「同じことしかできない人」になりかねません。

再現性が高い仕事をするのは、結構難しいことです。だからこそ、安定して何度も成功できる人は信頼されます。安定して成功し続けながら、さらなる成長を目指しているのが「5％社員」なのです。

トップ「5%社員」は

止まって考える時間を設けている

○ 定期的に仕事を振り返り改善点を見つけ出す

× 日々の仕事に追われて振り返りの時間などを取る余裕がない

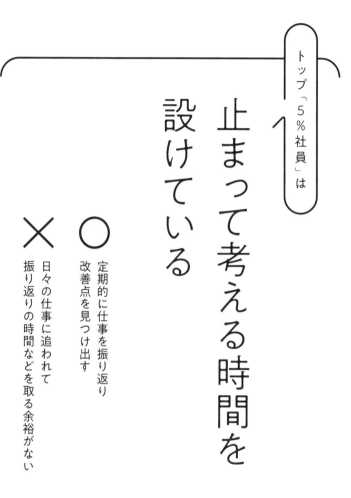

仕事を振り返る時間を取っている

「5％社員」は、「振り返りの時間」をとっています。

社内のエースである彼らの元には多くの仕事や相談がやってきます。働き方改革が進むと、彼らのような活躍している社員に仕事が集中してしまう企業もあります。その多忙なスケジュールの中で、彼らは2週間に一度は止まって考える時間をとっていました。

5％社員は、そうでない社員よりも、振り返りの時間をとる人が8倍もいるのです。

5％社員の中で振り返りの時間を取っている人は48％、95％の一般社員の中で振り返りの時間を取っている人は6％しかいませんでした。

なぜ忙しいのか、何かやめるべきことはないか、何に無駄な時間を費やしてしまったのか、などの内なる反省（＝内省）を定期的に行い、その気づきや学びを次の行動に活かしているのです。振り返る時間はほんの15分程度、長くても30分程度です。

金曜夕方や、水曜朝、通勤時間や出張の移動中に振り返っているのです。学びや反省をもとに、同じ間違いをしないように行動を変えていけば、おのずと成果が改善していき、自分のモチベーションも他者からの評価も高まるのです。

セルフPDCAを実践する

過ぎ去った時間を振り返れば、良かった点を評価し、そこからどんな結果が生まれてきたかを明らかにすることができます。また、同じ過ちを避けるために、過去の事象から学びとることができます。

私は前職のマイクロソフトで最高品質責任者を務め、500件以上の謝罪訪問をしました。この苦しい時に学んだのは、内省という「自分で振り返る時間を持つことの大切さ」です。飛行機で10時間かけて米国シアトルの本社に向かう時は、たいてい大きな課題を抱えて大きなプレッシャーを感じながら、きたるべき本社との交渉に向けていっぱいいっぱいでした。ただシアトルから日本に帰国する便では問題が解決しており、帰りは落ち着いた気分で搭乗することが多かったです。それは逆にトラブルが解決しないと帰国できなかったからでもありますが、帰りの日本に向かう便の中で私はとても充実して幸せな気分でした。

精神的にも落ち着いていましたから、対応した問題の解決方法、顧客の声や厳しい指摘などをリラックスした気持ちで振り返る時間を持つことができました。

この帰りの時間は、時差ボケに弱い私にとって、寝てはいけない時間でもあったので、たっぷりとスターバックスのコーヒーを飲んで本を読んだり、サッカーの録画番組などを見たりしてリラックスしていました。そして必ず一連の問題解決のプロセスを振り返っていました。

この内省タイムは必ずメモを取り、次の行動に活かしていました。

「5％社員」も同じように、自分の創意工夫によって目的を達成し、それが承認されています。ですから、自分の活動が達成されたのかどうかを確認するためにこの内省が必要なのです。他人からの承認ではなく、自分の価値観で自分を承認するのです。二度と同じ間違いをしないように振り返って反省し、次の行動に活かしていました。「5％社員」は臆病です。だからこそ、しっかり「失敗しない対策」をします。

ヒアリングをしたときに、「なぜ他の社員は振り返っていないのか」と聞かれたほどです。**会社から、もしくは上司から指示されたのではなく、自身が成長するために必要だと感じ、率先してセルフＰＤＣＡを実践していたのです。**

時間の使い方、人との付き合い方、アイデアの発想の仕方……こうしたところに、「5％社員」の特徴は表れています。そのどれもが、決して特別なことではありません。少し行動を変えることを意識すれば、できないことはない、いたってシンプルなことなのです。

トップ「5％社員」は

経験学習をする

○ 現場経験を積むことで実践的なスキルを多く習得できる

× 資格取得や集合研修でスキルを磨くことができる

行動＋経験が求められる

行動力がある「5％社員」は、主体的に物事を進めています。主体的な行動とは、自分発信で周囲を巻き込んで行動できること、自発的に物事に取り組んでいけることと考えましょう。

誰かに言われて行動した経験や、必要に迫られてやったことでは、「主体性がある」とはいえず、行動力があるとも認められないため注意が必要です。重要なのは、物事の起点が自分にあり、周囲によい影響を与えていることです。

周囲を巻き込みながら大きな問題にも立ち向かった、目標を達成することができたというのであれば、仕事で活かせる行動力、長所として認めてもらえるでしょう。

主体性が感じられないと思われた場合は、行動力がないと判断されるばかりか、意思が弱くて周囲に流れやすいとも思われてしまいます。

行動力がある人は、何事にも好奇心を持ち、新しいことにも積極的にチャレンジします。新しいことに躊躇せず、まずはやってみるという精神がある人は、行動力が高いと評価されるでしょう。

やったことがないことに挑戦するのはエネルギーのいることなので、未知の領域へのチャレンジを嫌う人は少なくありません。そのため、取り組みの結果は問わず、果敢にチャレンジする積極性の高さだけでも、評価される場合はあります。

もちろん、行動した結果、成功を収めているなら、より高い評価が得られるでしょう。何事にも恐れず挑戦できる行動力があり、かつ挑戦した分野で成功を収められる目標達成能力があれば、より高い評価が得られます。

経験を生かして行動する力がある

社会人の能力開発の70％以上は、現場での経験によるものだといわれています。

何かの仕事をしていれば、必ず「経験」をします。いい経験も、悪い経験もします。それを、別の仕事になった時、全く違ったものとして捉えるか、経験を活かすことができるかもと思うかが、「5％社員」とそうでない社員の大きな分かれ目と言えるでしょう。

「5％社員」が考える成長は、そのほとんどが日常の仕事の経験から生まれていると言われています。それは、転職でなくても、同じ会社で別の部署に異動になるケースの時でも同じです。

例えば、営業部から人事部へ異動になったとします。この時あなたなら、「営業と人事は全く違う仕事だから、経験は活かせない」と思うか、「営業の経験を活かして人材リソースを活用する仕組みを考えよう」と思うかで残す成果が異なります。

「5%社員」は、蓄積した経験を活かし、次のステージにいくことができます。営業で培ってきたコミュニケーションスキルや、書類作成のスピードを活かして人事部でも成果を残していこう、と思うと、全く別の職種なのにやる気もわいてきます。何より「自分は今までの経験を無駄にしない」という気持ちが、モチベーションの向上にもつながるのです。

臨機応変な対応ができる

経験学習をするためには、必ずチェックポイントを設けます。「5%社員」が確保する内省タイムもその時間です。

このチェックする機能が働いていれば、例えば、まじめにコツコツ仕事をして、それなりに仕事の成果を上げることはできているけれど、トラブルやアクシデントが起こると、それに対応できずにパニックになってしまうようなことは起こりません。

まじめであることは評価できても、不測の事態に適切な対応ができないのでは、仕事を完全に任せることもできません。また、将来人の上に立てるような人材には到底なりえないでしょう。

つまり「5%社員」は、トラブルやアクシデントが起きたとき、臨機応変な対応ができる人材です。彼らは、不測の事態が起こっても、取り乱したり、パニックに陥るというようなことはありません。冷静さを決して失わず、論理的に事態を分析した上で、現在の状況を打開し、対処するにはどうしたらいいのか、最善の方法を考えることができます。このような対応力のあるメンバーが同僚にいれば、頼もしい存在に違いありません。上司にしてみても、「彼らになら、安心して仕事を任せることができる」と思えることでしょう。

このように周囲から頼りにされ、上司から信頼されるのが「5%社員」であり、その裏付けになっているのが、臨機応変な対応力なのです。

トップ「5%社員」は

完成度が20%で意見を求める

○ 早い段階で改善点を指摘されたほうが時間もストレスも低減できる

× 提出後にダメ出しをされたら必死で作り直せばいい

フィードバックは宝物

「5％社員」は空気を読みながら、適切なタイミングで他者に話しかけます。彼らの発言で最も多いのが「今ちょっといい？」でした（詳細は第3章で説明します）。

この声かけの相手は、上司や顧客も含まれていました。「5％社員」は約束した締め切りまでに想定を上回るほど質の高いアウトプットをします。そのため、過程において相手とのギャップを縮めようと必死なのです。

アンケートで「長時間労働を生み出す根源は何だと思いますか？」と聞いたところ、95％の一般社員は「朝礼」や「定例会議」など他責にする回答が81％となり、自ら率先して改善していこうという心構えは感じにくいものでした。

一方、「5％社員」の回答は「失注」や「凝った資料の作成」など自分の行動を振り返る回答が69％と、一般社員よりも3倍以上であったことが特徴的でした。

「5％社員」の回答で最も印象的だったのは「差戻し」です。せっかく時間をかけて作ったのに作り直しを命じられるのが無駄だと認識しているのです。この「差戻し」は、相手との認識違いや齟齬によって発生することを「5％社員」は理解していました。

事前にしっかりと打ち合わせをした場合でも、誤解が生じることは珍しくありません。

細部を詰める前に制作物を見せておくことは重要です。「5％社員」は自分自身の振り返り時間を設け、さらに相手にフィードバックを得るタイミングも計画に入れていました。顧客や上司にフィードバックをもらったら、それをもとに修正して、相手のイメージと自分のイメージが重なるように作業を続けて最終成果物を完成させます。

このように、途中の段階でも相手から意見を聞くことで、相手も制作プロセスに関わったという実感を持たせることができます。

そして、最終成果物に対して「自分の意見が作品に反映された」と感じてもらえば、それは「自分の作品」という意識が生まれます。顧客や上司がそのような自分ごと化してくれれば、承認されやすく、一体感も生まれてよい関係が構築できます。

資料などを提出・納品した後には、相手から感想や改善点などのフィードバックを必ずもらってください。

ある「5％社員」のノート（Evernoteというメモアプリ）を見せてもらったことがありますが、そこには顧客ごとのフィードバックが羅列されていました。そこで得た反省点を次の行動に活かすことができれば、結果も作成時間も改善できることを「5％社員」は知っているのです。

コミュニケーション術を磨きたいのであれば、自分のプレゼンテーションをメンターや尊敬する先輩に見てもらい、率直なフィードバックをもらうのが得策です。

直属上司ですと、ストレートな意見は聞けないかもしれません。心理的安全性（何を言っても安全だと思う心理状態）が担保されている相手から改善点を素直に指摘してもらったほうが良いのです。

それがたとえ、マイナスの評価であっても落ち込まないでください。学びを得て、次の行動に活かせばよいのですから。

私も毎週のようにプレゼンテーションを行いますが、厳しい表現をもらったり、アンケートで評価が悪い時もあります。そのような時は、「自分では気づかなかった改善点を見つけることができた！」と前向きに考え、喜ぶようにしています。

経験上、良いフィードバックしかもらえない時は危険です。聞き手が気を使っていたり、関心をもっていなかったりというケースで、ＰＤＣＡを活かすフィードバックがもらえませんから、実りが少ないのです。

トップ「5％社員」は

アウトプットする習慣を持っている

○ 意見や学習成果を披露する機会を意図的に作れば、社内外でインパクトを残すことができる

× インプットすることに注力してしまい、その学びが活用されない

意見のアウトプット

どのような場所でも自分の意見をアウトプットしていくことで、新たなアイディアが生まれ、それを起点にビジネスが生み出されます。また、意見をアウトプットする人は、周囲から「積極的に考え、意見が言える人」という認識を持たれるでしょう。

どんなに思慮深く、自分の考えを持っていても「アウトプット」がないと、消極的で何も考えていない人だと勘違いされることもあります。

「5%社員」は結果的にいいアイデアや企画を生み出すことが多いのですが、実は、決して「創造力に優れている」というわけではないこともわかりました。

むしろ、自分自身に優れた創造力があるとは思っていないからこそ、何でもいいからアイデアを出すこと、誰かに意見を求めること、人と人をつなぐことに積極的になっているのです。

イノベーションは、既存の要素の「新結合」によって生まれます。

異なる経験を持つ異質なメンバー同士がアイデアを出し合い、それらを組み合わせることでイノベーションは生まれます。そのためには、様々な価値観を持つ人を巻き込むことが重要で、試行錯誤を繰り返す忍耐も必要です。「5%社員」は、そのことがわかって人脈を広げ、行動実験を繰り返し、必ず振り返って次の行動に活かしています。

さらに言えば、思いついたことを臆せずアウトプットすることに積極的なのも、「5%社員」の特徴です。いいアイデアを出せと言われると意見が出ないかもしれませんが、「なんでもいいからとにかくアイデアを出してみて」と言われると大量の意見が出ることは誰でも経験しているでしょう。

そうした中には本当にくだらないアイデアもあるのですが、その後精査していくと素晴らしいものが含まれています。くだらないことを言う雑談タイムを冒頭2分に設けた企画会議と、何もせずにいきなりアイデア出しをはじめた企画会議を比較してAI分析したところ、前者のほうが発言されたアイデア数が格段に多かったのです。

「5%社員」は、そのことを直感で知っていますから、どんどん企画や思いつきを言語化します。彼らの発言をAI分析してみると、多くのアイデアを口にしていることがわかりました。一般的な社員と比べると、2倍以上のアイデアを出していたのです。

そうして発信したアイデアの中には優れたものがあり、それが誰かの目にとまり、結果的に新たな事業や結果に結びつきます。こうした積み重ねが「5%社員」の成果をよりよいものにしているのです。

学習のアウトプット

同じことを何度学習しても、いざという時に忘れているということは多くあります。

人の脳はコンピュータのように、一度見聞きした情報を確実に定着させることはできません。何度も「アウトプット」する経験を積むことで、徐々に定着して記憶されていくのです。

「5%社員」がメモ好きなのは、これが理由となっています。何度も文字で書き出したり、言葉で言ってみたり、行動する、という「アウトプット」で学習した内容を自分のものにしていっているのです。

良質なアウトプットを常に出し続ける人は、職場や業界で評価され、社内外で市場価値が高まります。自身の名前で仕事ができるようになったり、自分の書籍を出版したり、もしくはYouTuberになって稼いだり……。多方面でアウトプットし続けて、複数の収入源を有する人が増えてきます。

プライベート、仕事、商談、スピーチなど、どこでもアウトプットすることで学びは身につき、クオリティが高まります。本で読んだ知識、ダイエットや美容法、料理など、日常的な「学び」も、どんどんアウトプットしていきましょう。

トップ「5％社員」は

笑顔の連鎖を作る

○ 楽しさの感情を共有して周りと打ち解ける

× 厳しい表情で依頼や指示をしたら相手は動いてくれると思っている

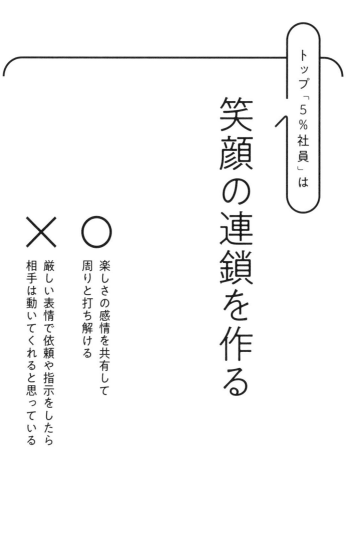

今回の調査ではWebカメラなどを使って、「5%社員」の表情なども分析しました。録画した動画をAIで感情分析し、怒り、軽蔑、嫌悪感、恐怖、喜び、中立、悲しみ、驚きの8項目で分類しました。

「5%社員」は「喜び」の指標が高く、笑顔である確率が一般社員より1・4倍も多かったのです。一般社員を含めた追加調査で判明したのは、女性は素の顔が笑顔である人が47%、一方男性は25%しかいませんでした。40歳以上の男性に限ると笑顔を見せるのは20代男性の3分の1以下、全年齢女性の4分の1以下でした。

「5%社員」が気にする最初の5秒の印象

彼らは人たらしです。目的を達成するために、どんどん人を巻き込んでいきます。笑顔になると、人に与える印象が良くなることは、誰でもわかるでしょう。

ある流通企業に勤める「5%社員」は、「笑顔で過ごしていないと損することがある」と答えてくれました。集中して仕事をしているときは、思わず眉間にシワが寄ったり、口角が下がって不機嫌そうに見えたり、肩に力が入って猫背になったりする傾向にあります。そのときの表情は、自分が思っている以上に寄せ付けない雰囲気になってしまいます。単に集中しているだけなのに、「あの人には声をかけづらい」「あの人は気難しそうで一緒に仕事するのは避けたい」「あの先輩は気軽に質問しづらい」と思われてしまって、チームで協力関係を作っていく上で障壁になります。

この「5%社員」は「笑顔はこの人と一緒に仕事をしたいと思ってもらうための重要なツールなのです」と印象的な言葉を残してくれました。

また別の調査でわかったことですが、人が初めての人と仕事をするとき、会ってすぐの5秒で信頼できる人かどうか判定するそうです。この5秒でうまく関係が構築できるかどうかが決まるので、笑顔の多い「5%社員」はそうでない社員より仲間を増やしやすいのです。

笑顔は伝わる

「5%社員」は、第一印象をとても大切にします。

なぜなら、仕事でチャンスを掴むためには第一印象がいかに大切であるかを理解しているからです。「5%社員」のようにコミュニケーション能力を伸ばすには時間がかかるかもしれません。

しかし、笑顔を心がけることはすぐにでも始められます。笑顔で仕事に臨み、良い印象を持ってもらうことで仕事がスムーズに進められることが実感できます。

1人が笑顔になればつられて周りも笑顔になります。

会議の冒頭2分でくだらない雑談をすると、笑顔の人が増え、結果として心理的安全性が確保されて、会議で出されるアイデアが増えます。

だからといって、相手を笑わせようとする必要はありません。それよりも「自分が笑顔でいること」が大切です。自分が笑顔になれば、それが伝播して相手も笑顔になります。

例えば、営業担当が顧客と商談する時に、「売りたい」という自分の気持ちと、相手側の「そう簡単には買わない」という気持ちがぶつかり合ってしまうと、張り詰めた空気になり、商談が進みません。

こういった商談でも冒頭で雑談を入れながら自分が笑うように努めると、相手は「では、今から本音で話しましょうか」という空気になります。

小売業のクライアント企業でトップの成績を残すセールス担当にヒアリングしたところ、「雑談力を鍛えている」と話してくれました。顧客との距離感を縮めるために、ジャーナリストの池上彰さんが話すような雑学や豆知識をメモにとり、顧客訪問の冒頭で使うそうです。

「こういった仕事とは関係ないちょっとした話をすることで、相手は心の扉を開いてくれるのですよ」

と満面の笑みで語ってくれたことを今でも鮮明に覚えています。

そして、笑顔になると自分自身も肩の力が抜けると言っていました。

トップ「5%社員」は

結果は準備で決まることを理解している

○
前日に翌日にやることのリストができているので翌朝に良いスタートがきれる

×
夜遅くまで仕事をしたので疲れが取れず、翌朝は良いスタートをきれない人間は完璧ではありません。

そして、人間は「ラクをしたい」という気持ちが標準装備で備わっています。これは、脳の仕組みがそうなっているのです。

「5％社員」は、自分の「弱い」部分を理解しているので、その弱さに対して「対策」を立てます。「5％社員」は行動する前から成功する可能性を高めるために、行動を修正する時間を事前に確保して、うまくいかない時の対策をしているのです。

一般社員の89％は、軌道に乗ってくると雰囲気のよさだけで「何となく」進めてしまいます。「5％社員」は、うまくいっているときほど成功要因を把握し、それを「次の行動でどう再現するか」を考えて行動しています。

5％社員が行う3つの準備

「5％社員」は、「行動する前」に目標を明確に設定し、手段を目的化させることなく、スピーディに行動していきます。「5％社員」へのヒアリングで、次の3点を準備してから行動に移していることがわかりました。

「背伸びした目標の自己設定」「目的の明確化」「行動のスピード」です。

これらは、行動する前に自分でコントロールできることです。

「背伸びした目標の自己設定」は、目標達成しないリスクを少なくするために、与えられた目標よりも少し高い目標を自分で設定し、自分に課しています。高すぎる目標だとあきらめ感が強くなりモチベーションが下がるので、つま先立ちでギリギリ届くぐらいの目標を自分で設定し、そこを目指して行動を開始するので、多少の変化があっても最終的に目標達成する確率が高くなります。

「目的の明確化」は、手段を目的化しないための対処策です。「行動のスピード」は、期限を決めて行動することで、効率を高めて納期に遅れないようにする対処策です。

やるべき仕事がリスト化され、事前にチェックできている

会社に出勤してきてから「今日やる仕事は何だっけ」と確認する社員は、自分がやるべきことを事前に把握し、出勤早々着手している社員とその時点で差が付いています。

つまり、仕事ができる人とは、自分がやるべき仕事が何かを「漏れなく」「事前に」掴んでいるものです。その一般的な管理方法は「ＴＯ ＤＯリスト」などがありますが、そ

れをシステム手帳やスマホのスケジュールアプリで管理するなど、具体的な手法は社員によってそれぞれ異なるかもしれません。

「5％社員」は、このような自分なりの管理方法を通じて、やるべきことを事前にリスト化しています。例えば今日からやるべき事項は「前日」までにそのチェックを終えているのです。

仕事には緊急度の高いもの、期限内に終えればよいもの、特に期限などがないものなど、優先順位があります。もっとも、これらは単純に時間軸で並べることができるなら優先順位を考えるのにあまり苦労はありませんが、優先順位は刻々と変化します。

また仕事は突然発生する場合や予測不可能な事態も生じます。

「5％社員」は、そうした状況変化を的確に捉えて、仕事リストを柔軟かつ適正に入れ換えて取り組んでいます。これも事前にリストを作っていたからこそ容易に組み換えができるのです。

「5％社員」は早型

調査の結果、「5％社員」は平日19時前後の業務量が圧倒的に少ないことがわかりました。一日の働き方についての分析結果をみると、95%の一般社員は、終業時間間際に非常に忙しく作業をしています。

通常業務が17時半に終わるとしても、それまでに終わらなかった仕事の処理や、明日提出する提案書の準備、さらには経費精算などの事務作業をしているのです。最近は20時前後に消灯する会社も増えていますから、それまでになんとか終わるように、と駆け込みで片付けている人も多いでしょう。

一方、「5%社員」が最も仕事を詰め込むのは、午前中であることがわかりました。そして、夕方にはその日やるべき仕事がすべて片付いていて、ほぼ定時でさっさと退社しているのです。

3つのロスをなくす

なぜそんなことが可能なのか。「5%社員」はすべての仕事について、先を読んで早めに準備をしていることがわかりました。

資料を作る前に戦略を練ったり、難しい交渉を翌日に控えていたら、その調査を前日に終わらせていたり、顧客に送信するメールを前日に作成して、下書き保存しておいたり……。直前や当日になって「今からやらなきゃ！」と慌てて作業するとアウトプットの質が下がることを知っているのです。早めに準備をして、**「焦りのロス」**をなくそうとしています。

また、「５％社員」は、特に朝に狙いを絞って重要な仕事を進める習慣があることもわかりました。

朝はメールや電話、会議も少ないため、スケジュールを自分の意思で決めやすい。つまり、朝は誰にも邪魔されずに仕事ができる時間だ、ということを理解しているのでしょう。昼頃を過ぎて、「さあ、今から本腰で仕事に取り組もう」と思ったタイミングで、別の仕事の依頼がメールで届いたり、取引先からの電話で時間を取られてしまったり……といった、**「集中力のロス」**が、彼らには極端に少ないのです。

また、ランチ後、特に15時前後は、血糖値の関係で人間の集中力が最も下がりパフォーマンスが落ちる時間ですが、「５％社員」はこの時間に、脳を使わない精算などの事務処理作業を行っていることもわかりました。**「パフォーマンスのロス」**を最小限に抑えるために、脳を使わない作業を15時前後に行っているのです。

この「5％社員」の時間の使い方は、医学的にも理にかなっています。

私はマイクロソフトに在籍していた時に「エグゼクティブトレーニング」を受けたのですが、その中に血糖値コントロールというプログラムがありました。

9時から17時の勤務時間内でパフォーマンスを最大化するために、血糖値の変動をできる限り抑えて最高のコンディションに保つためのプログラムです。

朝はタンパク質と適度な糖質で体を温め、10時にはリンゴをかじり、お昼は野菜とタンパク質中心にして食後にミネラルウォーターとコーヒーを飲み、パワーが落ちる15時にピーナッツとドライフルーツを食べ……といった感じで行動が決められていました。

朝に集中力を高めて、午後は無理をせず少しずつ調子を上げていく、これが医学的には「最も仕事の効率の上がる行動」なのです。


「ワーキングアスリート」とでもいうべきストイックさを求められますが、「5％社員」が朝に創造的な仕事を集中して行い、午後のだれがちな時間にはあえて無理をしないのも、効率性を考えると極めて正しいことなのです。

人の何倍も成果を出すためには、体調管理はもちろん、眠くならないこと、思考が止まる時間に無理をしないことはとても重要なのです。

デスク周りがきれい

いざ仕事をしようと思った時に、資料がなくて困ったことはないでしょうか。

必要な時に、必要なものがないということは時間の無駄につながります。1回の探す時間はわずかだとしても毎回探すとなると、累計で考えると、かなりの時間を使うことになります。この探す時間は、まったく生産性がありません。

合理的に考えるのならば、この時間は限りなくゼロにする必要があります。

それは、いつも整理整頓している状態を作っておくということです。物理的なデスク周りだけではなく、パソコンのデスクトップなどもきれいにしておくことも準備の一環です。

第3章

トップ「5%社員」の強いチームをつくる発言

トップ「5%社員」の一番多い発言は

「今ちょっといい？」

○ 相手に関心を持ち、カジュアルにコミュニケーションをとる

× 「見下されている」と思い込んで人とのコミュニケーションを避ける

会社の人間関係の中で最も多い悩みといえば、「気が合わなそうな同僚とうまくやっていかなければならない」というものだと思います。

仕事をしていくうえで、チーム内で意見や考えが対立してしまう状況は必ずといっていいほど起こるものです。

その中で「5%社員」は、うまくその問題を切り抜けています。むしろ仲間を増やしていく傾向にあることがわかりました。利害関係が異なる同僚とスムーズな協力関係をつくっているのです。

人間関係を築くのが得意なのは外向的で積極的な人かと思っていましたが、意外にも「5%社員」には内向的な人が多くいました。口先で相手をまるめ込み表面的な人間関係を作るのではなく、意味のある深い人脈を築いていたのです。自分のことを成長させてくれる人、自分のことを応援してくれる人、いかなる場合でも助けてくれるような人とつながることを目指していました。

実際に、どのように社内で同僚を巻き込み人脈を作っているかを追跡調査しました。

「5%社員」は、同僚と距離感を取るのがうまいのです。不快に思わせない程度でさりげなく同僚に声をかけていました。

特に用件がなくても相手に話しかけ、相手がどのような状況であるかを気にかけています。もちろん忙しい時に声をかけられて作業の邪魔をされるのは誰でも嫌がります。
しかし「5％社員」は、**相手の様子をうかがって少し余裕があるタイミングで「今ちょっといい？」と声をかけているのです。**

笑顔でコミュニケーションを取り、相手の発言を笑顔で大きく頷いて聞いています。しばらく連絡を取っていない場合でも、「あなたの状況を確認したい」と相手に興味・関心を持っていることを表現してカジュアルに声をかければ、喜ばれるものです。

2017年2月から2019年12月までに対応したクライアント企業を含めた16万3000人に「働きがい」に関するアンケート調査をしました。調査では、働くことに関して幸せを感じたことも広い意味で「働きがい」に含めました。アンケートの結果、約80％の回答が「承認されたとき」「達成したとき」「自由であるとき」の3つのキーワードに関連したものでした。

特に「承認されたとき」に関連する回答が最も多く、「感謝されたとき」「ありがとうと言われたとき」「評価されたとき」「上司の上司に名前で呼ばれたとき」などの回答が並びました。社会的動物である人間は本能として他人に認められたいのです。

16万3000人に対する働きがいアンケート

あなたはどういった時に「働きがい」を感じますか？

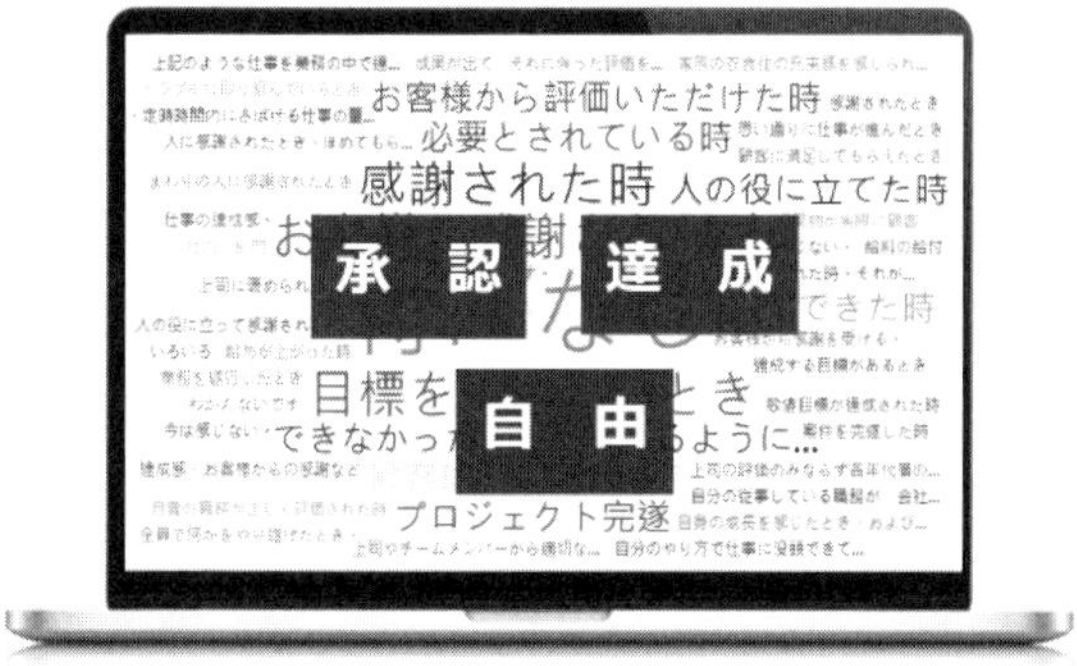

別の調査で、3817名の社員に「働く上での不安や不満があるのはどういう時ですか」と聞きました。

すると、「上司や同僚が自分のことを見下していると感じたとき」と回答する方が17％もいたのです。

その回答をする社員がいくつかの組織に集中していたので、追加ヒアリングをしました。すると予想外にも同僚を見下す社員はほとんどおらず、むしろ同僚を尊敬している社員が多くいました（秘密厳守で答えてもらったので、本音で話してくれたと思います）。

後日、心理学を勉強したところ、「見下されている」と感じることが多いのは感情一致効果の可能性があることがわかりました。

「見下されている」と感じて他人の些細な言

動から、自分を見下していると思われる情報ばかりを集めてしまうそうです。このために落ち込んだり、疑心暗鬼な状態から抜け出せなくなったりしてしまう……という状況に陥るそうです。

ただ、無意識のうちに被害者のポジションを取る人も多く、そういう人は周りの人に攻撃的になり、組織の輪を乱すこともあるようです。

こういった「見下されている妄想」を取り除くにはどうしたらいいかを突き止めるために、行動心理学とコミュニケーション学について調べました。

専門家を交えてディスカッションした結果、解決策として「ザイオンス効果」を使うのがいいだろうという仮説を立てて実験しました。

「ザイオンス効果」は、単純接触効果とも呼ばれており、繰り返し接するとその人に対する好感が高まるといった心理効果です。対面して笑顔で対話するとザイオンス効果が高まることもわかったので、調査で問題のあった4つの組織で上司と同僚全員に対して2週間のうち15分は1対1で会話するように依頼しました。抵抗する人もいましたが、67％の社員が実践してくれました。

2か月実施したところ、「上司や同僚が自分のことを見下していると感じた」と過去に回答した人の78%が行動実験後に「思い違いであった」と答えたのです。

コミュニケーション頻度を高めると不要な思い込みや過剰な気遣いがなくなることがわかりました。ちなみにこの実験を行った4社では、その後「上司と部下の1対1の対話」を毎月実施することが社内ルールとなり、それを怠った管理職はマイナス評価となるように人事評価制度も変更されました。この変更から1年以上経過した4社は、社員満足度調査の結果が対前年比で18%以上アップしました。中には30%以上アップした会社もあったほどです。

このコミュニケーション頻度を高める施策は、社内会議の時間を減らし、顧客からの評価が上がるという相乗効果も確認できました。

組織内で円滑なコミュニケーションを取るためには、特段の用がなくても同僚に話しかけて相手に関心を持ち、良好な人間関係を構築する必要があります。

「5%社員」はその効果を知ってか知らずか「今ちょっといい?」をよく使います。

そして、このカジュアルなコミュニケーションを組織に浸透させると、働きがいや満足度が増し、業務にもプラスの影響が出ます。

トップ「5%社員」がよく使う発言は

「そうかもしれない、しかし私はこう思う」

○ 相手を気持ちよくさせながらも、確固たる価値観の元、主張をする

× 常識にとらわれて思考停止し、意見の衝突を避け、「いい人」に徹する

「いい人」ばかりの組織は良くない

「いい人」ばかりの組織は危険です。

組織の規律に従い、「なぜ、今それをやらなければならないのか?」を考えずに思考停止のまま、組織の指示に流されてしまうからです。

忖度や過剰な気遣いが長時間労働を生んでしまいます。各クライアント企業で1年間に作成された資料の23%は過剰な気遣いによるものです。重要「そうな」資料を作ったり、怒られないように資料の作成枚数を増やしたりといった意味のない作業が横行し、実際使われもしないのです。

また、「いい人」に限って、組織的な不正に加担してしまう可能性もあります。「いい人」は、社会的な常識とか道徳といった感情的な判断基準に、簡単に自分の考えを預けてしまいます。

そういうものを疑うことなく思考停止していると、自分なりの価値観など持てません。結果として受け身になり、上からの同調圧力に負けてしまいます。

「いい人」たちは、「自分たちは社会的規範を守る、常識的で模範的な存在だ」と勘違いしています。そして、「5％社員」は「いい人」たちにとって異質な存在です。

規律よりも自由を好み、プロセスよりも成果を重視する「5％社員」は、ときに「いい人」たちにとって邪魔な存在です。「普通やらないでしょ」「それって常識でしょ」という言葉を使って、「5％社員」の尖った言動を抑制しようとします。常識的で多数派であることをいいことに同質を好み、多様性を受け入れません。

「5％社員」のように飛び抜けた成果を出し評価をされている人が際立ってしまうと、成果を出せずにいる「いい人」は、相対的に価値が下がり、存在が危ぶまれるので、陰で「5％社員」の足を引っ張ります。

「いい人」は他人と摩擦を起こすことを避けます。

たとえ周囲と違う意見を持っていたとしても、避けられることを恐れて迎合します。そうすれば波風が立つこともなく、「いい人」にとって快適に過ごせるからです。

しかし、ずっとそのままでは、いずれ「あの人、何を考えているかわからないね」と言われるようになり、「いい人」は「どうでもいい人」と化します。

そうなってしまうと、会社が新しいプロジェクトなどをスタートするときに声がかからなくなったりして、活躍の場がだんだんとなくなっていきます。

摩擦を避けたら成果は生まれない

摩擦は必要です。イノベーション（＝新結合）も異質との摩擦から成り立っています。画一的なもの同士が迎合していても化学反応は起きません。

私が20年以上前に新卒で入社した通信会社では、摩擦がご法度でした。

当時は、製品やサービスの力が強かったので、需要に向けて供給することを実直に実行できる人が評価されていました。そしてその評価者は直属上司のみでしたから、上司に気に入られるかどうかで評価で分かれてしまうのです。

当時は、深夜にメロンを買って来いと上司に言われたら、タクシーで買いに行ってくるような実直な社員が評価されてしまったのです。そのために、ノーと言わない人、実直で「いい人」が評価されていました。そうやって評価された人材は、社外で活躍できる能力は持っていませんでした。

さすがに今は市場も顧客も変わり、人事評価の基準や方法も変わっていますが、過去の慣例にとらわれているオジサンは大企業に数多くいます。現在でも組織に迎合しないと「面倒くさいヤツだ」と言われるかもしれません。

しかし、大事な時に「あいつちょっと変わっているけど何かアイデアが出てきそうだから呼んでみるか」ということになります。

そうして、成果を残す「5％社員」にチャンスが巡ってくるのです。

相手に気持ちよくイエスと言わせるコミュニケーション術

主張を一方的に訴えても周りは受け入れてくれません。

上位20％ぐらいの若手エースに多い「これ絶対におかしいです、こうすべきです」と「べき論」を一方的に主張したところで、意見は通りにくいのです。

「5％社員」は意見をするときに、他者への配慮や感謝を当然忘れません。

「メンバーがどうしたら気持ちよく協力する気になってくれるか」を考えて発言します。

コミミュニケーションのツボを心得ているのです。

また、そうした気持ちよいコミュニケーションの術だけでなく、率先してチームメンバーへの協力を申し出て、実際に協力することに労を惜しまない点も特徴といえます。

つまり、日頃からそうした協力を申し出ることが、自分の意見をどうしても押し通したい場面でスムーズに賛同を得られる土台となっているのです。

提案や意見については、「一発ＯＫ」をもらいたがる一般社員が多いものです。意見を少し否定されただけで、まるで人格を否定されたようにへこんでしまう。場合によっては、逆上してしまう人もいます。完璧にこだわりすぎる人は、摩擦をさけたがるのです。

「5%社員」は自分の意見を通したい時は、反対する人を説得するだけの根拠とロジックを用意します。**他人の意見を取り入れて、自分の考えをより良くしようとする視野の広さと冷静さも必要です。ですから、はじめに「そうだよね」と相手の意見を受け入れて、そのあとに「私はこう思う」と主張するのです。**

会社という組織において、個々の社員が独力で完結させることができる仕事はむしろ限られています。従って周囲の協力をどれだけ得ることができるかも、仕事ができる人物かどうかを見定める上で重要なバロメーターとなります。

つまり、優秀な人物の共通的な特徴は、他者への協力の仰ぎ方がうまいということです。自分一人だけですべて完結する仕事は稀で、多くの仕事は自分以外の人と関わりあい、相互に影響しながら行うものです。

異なる意見の人たちとの摩擦を避けずに話し合うには、物事に対する自分なりの価値観と評価軸をしっかり持っていないといけません。突出した結果を出す「5％社員」は、一般社員が持ちえないほどのしっかりした信念と価値観を持っています。

「5％社員」が一般社員と異なるのは、自分に対する自信と強い信念があるからです。これと決めたらブレずに突っ走ります。そこが一般社員と最も異なる点です。

思考停止しないために常識を疑う

「5％社員」は絶えず「内省」を繰り返して、自分だけの価値観を磨いています。その価値観を元に、一般的に信じられている常識や道徳を疑っています。

例えば、みんなが「イエス」というものを「ノー」の立場から考えています。多様なものの見方をして、その根拠を探し、自分の価値観と合っているか確認しています。ニュースを見るときにもそういう視点を持っているそうです。「新型コロナウイルスの流行により、トイレットペーパーが品薄になっている」というニュースを聞けば、「どういう根拠があるだろうか」と考えて国内のトイレットペーパーの原産地が中国ではなく日本であることを確認します。その上で自宅の在庫を確認して行動をとります。

また、読書でもそうです。車を買おうと思ったら、「車の選び方」という本を読むのではなく、まったく反対の内容を主張している「車を買ってはいけません」という本も読むのです。すると、「車を買う」とだけ考えていたときに気づかなかったリスクが見えてくるので、より満足度の高い車の購入方法がわかるようになります。

トップ5%社員がよく使う発言は

「いいね」「そうだね」「さすがだね」

相槌と頷きで相手を承認する

感謝をしっかり表現する

今回の調査で「5%社員」が感謝を発する頻度は、一般社員の3・2倍であることがわかりました。

「5%社員」は、「ありがとう」という言葉を自然と周囲のメンバーに提供し続けています。特にトップ5%の管理職は、一般の管理職よりも部下を4倍以上ほめています。承認や感謝、労いの言葉が多いのです。他者が認められると嬉しいことは自分でもよくわかっているので、それを周りに伝播させているのです。

あざとさや何か企んでいるわけではなく、自然と「ありがとう」と口癖のように発言していました。

一方で、上位20%の社員だけを見ると、むしろ「ありがとう」を発する頻度が一般社員よりも少なかったのです。後の追加ヒアリングでわかったのですが、「5%社員」はとても謙虚ですが、「20%社員」はどこか自信家で1人で仕事を進める一匹狼のような人が多い印象を持ちました。

個人の能力を最大限に発揮するのはトップ「20%社員」でも、できるかもしれませんが、チームとして最大限の成果を出すにはトップ「5%社員」のシンプルな考え方や行動が必要です。

人には優秀な能力を持ちたいという願望があるので、それを刺激されれば「自分はできる！」と前向きに捉え、新たな挑戦への動機付けになります。そこで、12社約8000名の社員を対象に、「ありがとう」を意図的に多く伝える期間を設けました。対面やメール、そしてビジネスチャットを通じて普段の感謝の思いを言葉で伝えるようにしてもらいました。

当初はなかなかストレートに感謝を伝えられないでいましたが、少しずつ「ありがとう」が伝えられ始めると、それに影響受けて多くの人が「ありがとう」を口にするようになっていきました。

興味深かったのが、この「ありがとう週間」終了後に行ったアンケートで、63％もの人が「予想外の人から感謝を伝えられた」と答えたのです。つまり、感謝の気持ちがあっても言葉で伝えなければ相手に伝わっていない可能性が高いということです。

感謝されて、承認されれば幸福度は上がりますから、意欲やモチベーションに直結します。もちろん、根拠なくほめるのは意味がありません。不必要にほめると相手は図にのってしまい、内省をしなくなってしまうからです。

ある精密機器メーカーで承認とパフォーマンスの相関関係について行動実験をしました。任意に選ばれた12名のターゲットに対して、周囲の79名が意図的に普段の感謝の思いを言葉で伝えるという実験です。

ターゲットの12名にこの実験内容は伝えず、廊下ですれ違う時や、Slack（スラック）のチャットを通じて「この前のサポートありがとう」と伝えたり、「あの時の資料はとても助かったよ、ありがとう」といった言葉をかけたりしたのです。その上でその対象の12名がどのように行動が変わったかを追跡しました。

全く同じ条件にすることはできないですが、その12名に変化を確認できました。

特に変化があったのは、実験の前と比べて、メールやチャットの返信が早くなったこと、資料の作成時間が9%短くなったこと、作業と作業の合間にパソコンを開かない時間が13%増えたこと、関わる人の人数が20%増えたこと、朝の出勤時間が18分ほど早くなったこと、などです。

追加調査でわかったのは、パソコンを開いてない時間は同僚との会話に当てたり、今後の作業のことを止まって考えたりしていたそうです。

また、関わるメンバーの人数が増えたのは、「ありがとう」と言ってくれた同僚をランチに誘って一緒に食事をしていたからだそうです。

さらに、この12名の周囲のメンバーの中には「不平不満を言う口数が減った」という人もおり、心地よく集中して仕事を取り組んでいたように見えたのです。

多くの変数があるので一概に論じることはできませんが、このように人は感謝されると能動的になって人との接点を多くし、また集中して作業に取り組むという変化を12人中10人で確認できました。

この実験からも、感謝と承認が心理的に良い影響をもたらし、それが業務処理に好影響を与えるという仮説を立てることができます。

手ぶり・首ふり効果

承認と共感は言葉だけでなくジェスチャーで表現することができます。それが拍手と頷きです。

「5%社員」は、相手の話を聞くときに体を動かします。手や首の動きや表情を使って相手の話を聞くのです。一般社員よりも大きく体を動かして聞くので、周りからも目立ちます。また、相手に体を向けて話しています。肩のラインを相手に向けて聞いていました。

そして、ゆっくり頷きながら笑顔で話を聞いていました。

興味深いのは、そうされた相手はだんだんと笑顔になり、「5％社員」と同じようにゆっくりうなずきながら嬉しそうに話していくのです。

重要なことは、相手を知ること、伝達ではなく対話することです。

特に日本人は、なかなか腹を割って話すことがないため、相手の反応もわかりにくいです。空気を読みながら効果的なコミュニケーション術を使い、対話によって相手の心を開いてみてください。

部下のエネルギーを高める上司

優秀な管理職が部下をほめることが多いのは、成果の有無に関わらず、しっかりと言葉で表現する習慣が身に付いているからです。

思っていても口に出さなければ相手には伝わりません。部下に対して感情表現と言語化が上手な管理職が部下を元気にさせ、結果的にパフォーマンスを高める可能性があることがわかりました。

組織論の専門家は、「社員のモチベーションなんて上げる必要ない」と論じる人もいます。確かに成果を残していないのに、ただ一方的にほめたたえるのは私も反対です。

しかし今回の調査でわかった通り、パフォーマンスを高めるエネルギー源としてモチベーションや働きがいが相関関係にあるという実験結果は無視すべきでないと考えます。

組織全体のパフォーマンスを上げる

今求められているのは、組織の中のメンバーの能力を最大限発揮して、かつその能力を組織内でかけ合わせて最大化することです。

働く人の寿命が長くなることや、日本国内で少子高齢化が進むこと、そして法律で長時間労働が制限されること、といった状況の中で〝より少ない時間でより多くの成果を残す〟には、能力の高い人だけに依存するのは危険ですし、それだけでは不十分です。これまで以上の成果を残すには、1人ではなくチームでパフォーマンスを高めていく必要があります。「5%社員」のような優秀な個を高めるだけではなく、組織全体のパフォーマンスを高めるためには、自分は何ができるかをしっかり把握して、役割に応じた正しい行動をすることが求められます。

ありがとうと感謝されて心情がマイナスになることや、パフォーマンスが下回ることはありません。むしろ、行動が改善されることは先ほどの精密機器メーカーの実験でも明白です。周囲のメンバーに「ありがとう」と伝えることは、コストがかからないので、コストパフォーマンスは高いと考えてよいと思います。

間接承認の威力

承認の言葉は、直接相手に伝える場合と、間接的に、相手に伝える場合とがあります。直接、面と向かって伝えてもらう承認も嬉しいのですが、間接的に、人から聞く承認はもっと効果があるようです。

「5%社員」は承認の言葉を誰かに直接伝えるのではなく、その知り合いに伝えます。

「~さんって、こんな良いところがあるんだよ」
「~さんに、~をしてもらって、とっても助かった」
「~さんが、あなたのことを~って言ってたよ」

という感じで相手を承認していました。

間接承認は、本人に伝わるには、時間がかかりますが、その分ジワジワと効いてきます。自分が他人から聞いた目の前の人の良いところを、目の前の人に伝えることも威力がありますので、ぜひ試してみてください。

トップ5%社員がよく使う発言は

「賛成、さらにこれやろう」

発言回数は多いが、
発言時間は短い

発言回数は22%多く、発言時間は24%少ない

弊社では22社のクライアント企業で、累計7000時間以上の社内会議を録画してきました。どのような会議が、どのような成果を生み出すのかといったことや、何が会議のパフォーマンスを下げているのか、といったことを追求するためです。

また同時に各社トップ「5%社員」の言動も調べているので、両方の調査をクロスしてAI分析をしました。すると「5%社員」は、発言頻度が多いことがわかりました。

一般社員より発言回数が22%多かったのです。

イノベーションを起こすためには、まず、どんどん気づいてどんどん情報として発信する能力が必要です。このアイデア出しの後に、検証していくプロセスがあります。ですから、「5%社員」はアイデアを出す場では、質ではなく量を重視して多くのアイデアを出していきます。

会議の成果の1つは、時間通りに終わることです。

「5%社員」はダラダラと話したり、同じことを何度も繰り返して言うようなことはありません。「5%社員」の発言内容を録音し、文字起こししたところ、発言の文字数は一般社員より27%少なく、発言時間は24%少ないのです。

彼らの発言はいたってシンプルで、ストレートです。匂わせるような遠回しな発言はせず、イエスかノーかをはっきり言い切ります。数字を使って話をすることが多く、ロジカルに相手を心地よく説得させていきます。

ただしノーと言うときは、同調圧力に徹することなく、データなどのエビデンスを元にしっかりと反論します。また他の参加者の意見に対して同意する場合は、言動で表現していました。「なるほど」「それいいね」「素晴らしい」といった合いの手は一般社員より17％も多かったのです。

また、笑ったり、拍手をして相手を認めるような行為もしていました。相手の意見にしっかりと同調したり、異なる意見を持っている人に対してしっかりと対話をして否定するなどの意味のある発言が多かったのです。

会議の様子はウェブカメラや、ICレコーダーによって記録するのですが、音量などを確認すると、5％社員が大きな声で発言するのは同意と承認をする時でした。

特にイエスの回答の時は一段と声が高くなり、「よし！」「確かに！」「そうだ！」の3つのキーワードが大きい音量で発せられていました。

ここに彼ら5％の気持ちがこもっていると思われます。このようにポジティブな言葉を大きな声で発言することによって、会議で淀んだ空気を一気に変えることができます。

また日本企業では会議中に寝ている人も多く、その人たちを目覚めさせる意味でも意識的に声を大きくすることがあるようです。

別の調査で「5%社員」の声の特徴を分析したところ、一般社員と比較して声域は低めで、声量に差はなく、明瞭性は高いことがわかりました。

この特徴は、心地よく聞こえる条件と合致しており、聞き手が不快に思わないのです。

「レッツ」で締めくくる

また「5%社員」が他の一般社員と比べて特徴的だったのは、「〇〇をしよう!」や「〇〇をやってみよう」といったレッツの言葉が多かったことです。

「5%社員」は会議の最後でアクションを決めないと成果につながらないことを知っています。会議は、情報共有、意思決定、アイデア出しの3種類に分類されます。その中で意思決定では最終的にアクションを決めなくていけないことを「5%社員」は理解しています。最終的にイエスかノーか、そして誰が何をやるかが決まらないと前へ進みません。

デメリットやリスクの話になったとしても、「5%社員」は最終的に次のアクションの決定にもっていくわけです。そうすることによって参加者の士気を高め、能動的にタスクを引き取らせようとします。参加者たちに積極的に取り組んでもらおうと背中を押すわけです。もちろん「5%社員」が周囲のメンバーの手助けを積極的にするので、自ら進んでタスクを取ることも多いです。また誰も引き受けないタスクがある場合は、率先して「5%社員」がイニシアチブを取って担当割を提案していきます。

誰がやるかで揉めるのは生産的ではないと「5%社員」は思っているので、「このタスクが得意なAさんがやるべき」というように提言します。

会議は最後の5分でアクションを決めることが極めて重要です。

「5%社員」はレッツという前向きな言動でアクションを決め、締めくくろうとするのです。

トップ5%社員がよく使う発言は

「そうだね、でもさらにこうすれば良いね」

イエスではじまり、イエスで終わる

発言は、「イエス」ではじまり「イエス」で終える

すると、会議後に
参加者のエネルギーが高まっている

「5％社員」は、「もう無理だ」と決めた瞬間に全てが終わることを知っています。

自動車メーカーのフォードの創業者であるヘンリー・フォードは「自分にはできると考えようと、できないと考えようと、どちらの考えも正しい」と言っています。目標達成のためにどれだけ努力しても、それを信じていなければ、達成はできないという意味です。

彼らは、できない理由を考えるのではなく、できるための方法を考えています。だから、「5％社員」は会議などで意見を出す際に、ノーから入るのではなく、イエスから入ることが多いです。そして周りをポジティブにするために発言はイエスで終わらせています。

「会議の目的の1つは、会議後に参加者のエネルギーが高まっていること」と言いきる

「5%社員」もいました。

会話の中で「イエス」が増えることにより、相手はすぐには反論しにくくなります。これは「イエスセット」という心理話法で、これによって、相手は気持ちよく会話をはじめ、話者の存在自体が「イエス」になって信頼が高まるのです。仮に話題がシビアなものだったとしても、会話の後の印象もよくなるのです。

最初のイエスで懐に入る

相手をどう動かすか、いかにしてイエスと言わせるかを「5%社員」は考えています。そして、相手が好感をもって聞き入れ、理解して自分ごと化すると動いてくれるというメカニズムを理解しています。

そのため、まず最初のイエスで相手を承認して心地よくさせます。人はどこかで自分が主役になって認められれば、満足して生きられ、承認されればモチベーションや業績が上がります。また、離職率や不祥事は減ります。

実際に承認によって業績が上がるということは、弊社の様々な行動実験でも明確な結果として出ています。

「5％社員」は、新たに知り合った人が何をしているかだけでなく、どのようにその仕事をしているかを理解するための質問をし、相手が最も誇りを持っていることが何かを探ります。「5％社員」に個別にヒアリングをしたところ、相手の状況を確認しているだけでなく、相手の強みを見つけようとしているそうです。

その上で、自分の弱み・強みとかけ合わせることができるか見極めます。そして、シナジー効果が期待できる相手の強みを見つけたら、再び相手を承認します。

トップ5％社員がよく使う発言は

「そうしたら、〇〇しよう」

「ダ行」を使わず、
気持ちよく行動を促す

「5%社員」の話は聞きやすい

今回の調査では、ICレコーダーなどを使って発言内容を一定期間録音しました。その音声データをAIで文字に変換して分析しました。すると、AIが面白い気づきを教えてくれました。

「5%社員」はダ行を使って話す頻度が少ないのです。

ダ行の言葉とは、「だけど」「でも」「ですから」「どうしても」などです。一見しただけでも、あまり気持ちのいい言葉ではありません。ダ行は断定しているように聞こえるため、聞き手にとって耳障りが悪く、言い訳に聞こえてしまうのです。例えば「どうも申し訳ございません」よりも「大変申し訳ございませんでした」のほうが耳障りではありません。「5%社員」の言葉を分析すると、一言目はダ行と濁音が少なかったのです。

これは、私が前職で500回以上経験した謝罪訪問でも同じことが言えます。ダ行を使わないだけで、柔らかい表現になります。「〇〇だと思います」ではなくて「〇〇かと思われます」のほうが耳触りが良いのです。「〇〇ですが、でもどうしても」ではなく、「〇〇と思います。しかし」のほうが、聞き手が不快に感じません。

ダ行を使うと、上から目線での言い逃れや、反感と捉えられてしまうことがあるのです。

そこで、**ダ行の代わりに、サ行を使うことをおすすめします。**

「そうですか」「そうしたら」「しかし」「失礼しました」「承知しました」などが相手の感情を逆なでしない言い方です。

そして、相手の気持ちを受け止めることにもなります。

例えば、社内でも社外でもお詫びをする際は、相手の感情は高ぶり、敏感になっているのでダ行は避けたほうがいいでしょう。

〔NGフレーズの言い換え〕

・どうも申し訳ございません↓大変申し訳ございません
・◯◯だと思いますが…↓◯◯かと思われます、しかし…
・ですが…　だが、しかし…↓です。しかし…

第4章

トップ「5%社員」のすぐやる習慣

トップ5%社員は

席にいない、動き回る

☞席にいるのはたった2割

巻き込むために奔走する

「5%社員」と95%の一般社員の行動を比べてみると、「5%社員」は圧倒的に自席にいる時間が短いことがわかりました。

会議や打ち合わせに呼び出されることが多い、ということもありますが、それだけでなく、自ら頻繁に席を離れて、社外ではキーマンと対話し、社内では他部署の人に話しかけにいきます。最近は、どこの業界でも課題が複雑化し、1つの部署だけでは解決できなくなってきました。

しかも、課題の解決には、個人力ではなくチーム力が必要になります。異なる知見を持っている人たちのアイデアをかけ合わせることにより、新たな解決案が生まれ、今までにない方法で課題を一気に解決していく必要があります。

次に特徴的だったのが「接点の多さ」です。

顧客のところに訪問する時はもちろんですが、「5％社員」は、社内でも動き回って、自発的に人との接点を作っていました。それも異なる部門、異なる世代の人たちと、Slack（スラック）などのチャットツールも使いこなしながら、会議ではなく「会話」を増やしているのです。

人との接点を作ることにより、直接自分の思いを伝え、仲間を増やし、人を巻き込んでいく。複雑な課題であればあるほど、多様な人たちとタッグを組み、スピード感をもってどんどん課題を見つけ解決していくのです。

仲間が増えるということは、仕事のお願いをできる人が増えるということです。自分ではやらなくていい仕事、誰かに任せられるいい仕事は、仲間たちに積極的に振っていく。「動くこと」が仕事の質を高め、仕事の工程を減らすことにつながるのです。

今回の調査で「5％社員」と95％の一般社員の調査対象者に万歩計をつけてもらいまし

た。もちろん会社や業種、業態でその歩数は異なります。そこで今回は、同じ会社同じ職種の方々に万歩計をつけてもらい、比較してみました。

すると、「5％社員」は一般社員より14％も歩数が多いことがわかりました。

また、「5％社員」のデスクの近くに定点カメラを設置し、自席での作業時間を測定すると、自席で仕事をしているのは2割未満という「5％社員」が半分以上いたのです。

この調査データだけ見ても、「5％社員」の活動量が多いことがわかります。

イノベーションは現場で起こる

かつてのモノ消費時代は、イノベーションが研究開発室や役員会議室で起きていました。消費者は会社名やブランド、機能と価格でモノを選び、買っていたので、開発力とコスト削減にかかっていました。しかし、現在のコト消費時代では、研究開発室ではなく現場でイノベーションが起きています。

顧客や市場、さらには社会が抱える問題を敏感に感じ取るには、人と触れ合わなければいけません。また、自分とは違う考えを持った人や、別の環境にいる人との対話や交流から新たなものが生まれることが多いのです。

「5%社員」はイノベーションを生み出すために、自然と多くの部署の人とコミュニケーションを取っています。だから、自分の席にいることが少なく、別の部署の誰か（有能な社員）と一緒にいることが多いのです。

何か大きな課題にぶつかった時に、いつ、誰に協力を求めることになるかもわからないため、自分にはない能力を持っている仲間をいかに多く集めることができるかが、仕事で結果を出すための極めて重要な条件になっています。

まずＧｉｖｅで信頼を高める

「5%社員」が働く時間を増やさずに成果を上げて、評価や報酬を上げるのは、時給を上げることと一緒です。そして、時給を上げるためには「信頼を築くこと」が極めて重要であることを5%社員は知っています。

相手が動くのは、自分の主張を「伝えた」からではなく「伝わった」からです。「伝わる」には、その人に伝える資格がなくてはいけません。相手は、「この人の話なら」といって聞いてくれるのです。

そのために、まず信頼を構築できれば、あとは「伝わる」ためのコンテンツと伝達手法を考えるだけでいいのです。

良好な信頼関係を築くには、先に相手に何かをやってあげること（Give）が重要です。そして、困ったときにその相手から支援を得る（Get）のです。

ですから「5％社員」は一生懸命に他人をサポートします。これは、返報性の原理で、相手が何かしてくれると、お返しに何かしたくなるという心理効果です。

一方的にお願いするだけでなく、Give & Getでスマートに関係を構築していきます。社内では、自分の得意な仕事を率先して引き受ける行動も多々見られました。


「5％社員」の大きな特徴として浮かび上がったのが、彼らは「行動ファースト」である、ということでした。

とてもシンプルですが、生産性を高めるには、止まって考える時間より、「動きながら考える」ことが重要だったのです。当然のことですが、彼らも判断ミスや失注などの失敗をしていることがわかりました。

ただ、早い段階で失敗をしているので、そのリカバリーも早く、次の行動に活かして成功確率を高めていっているのです。面談などでこの点について伺っても、「失敗した後こそがチャンスだ」と答える人が多く、修正力が高いと感じました。

　このように「5%社員」は、自ら考え、すぐに行動できる人です。仕事や責任を与えられたときに、言われたことをただやるだけではなく、まず鳥瞰的に物事を考えることを必ずしています。この仕事をやる意味、そして「本質は？」「誰のためにやるのか？」「その結果どんな成果を出すのか？」と、「なぜ」を繰り返し問いかけて、すぐ行動に移します。

　ずっと自分の席にいたり、あるいはずっと同じ部署の人と付き合っている人は、「5%社員」を見習い、少し行動を変える必要があるかもしれません。

トップ5％社員は

メールの返信が15分以内

処理スピードが3倍速い

レスポンスの速さ

「5％社員」の行動の特徴は、反応が早いことです。

社内外から送られてくるメールやチャットに、素早く反応します。相手を待たせれば待たせるほど、その仕事の進捗は遅くなります。また、相手を待たせると、その分、相手の返信も遅くなります。

読者の皆さんも経験があると思いますが、金曜日の夜、「あと1本相手からの電話やメールがくれば仕事が終わるのに、なかなかそのメールがこない」という状況を思い浮かべてみてください。「あいつ、何やってんだ！」と苛立つでしょうが、そういった原因の6

割がこちらの返信・反応が遅かったことに起因しています。

相手からの依頼や確認に即応していれば、それだけ仕事の進むスピードが速くなり、効率化が進むのです。


「5%社員」は即応を実践するために、メールの送り方も工夫をしていました。

特に注目すべきは、メールの文字数です。私たちが調査した結果では、「5%社員」が送るメールは極めてシンプルなものでした。

これはAIを使って行った分析でも明らかになっているのですが、実際、メールの本文が105文字を越えると一気に閲覧率（相手に読まれる可能性）が下がります。

とりわけ役職が上の人ほど、丁寧さよりも要件が明瞭に伝わるコンパクトさを重視することもわかっています。いかに、少ない労力で相手を確実に動かすか。

「暑い日が続いておりますが」や、「先日の会合では大変いい時間を過ごすことができました」という表現は、「5%社員」のメールにはほとんどみられません。

社内メールなら、「お疲れ様です」のひと言もありません。

また、「即メール返信」は、グローバルエリートも実践しています。

世界中のエリートたちはいくらスケジュールがぎっしりでもメールの返信がとにかく速

いのです。グローバル機関投資家で、これまで投資銀行やコンサルティングファームなどを渡り歩いてきたムーギー・キム氏も、多忙を極める著名経営者や国会議員、そして仕事のできるビジネスパーソンの多くが「メールは即リプライを実践している」と言っています。

ここまで簡略化されると、「ドライだ」「失礼だ」という人もいるかもしれませんが、実は、「そう思われないこと」にこそ、彼ら「5％社員」の秘訣があります。

彼らは日ごろから、重要なメールを送る相手（上司や取引先）と密なコミュニケーションを取っており、メールに「お疲れ様です」のひと言がないぐらいでは、どうこう言われるような関係ではないのです。

「5％社員」のメールは非常にコンパクトでありながら、受け取る側に冷たい印象を与えません。メールの文章が短いということは、打つ時間も短くてすむため、他の仕事に時間を充てられています。

相手からの反応も早いので、すべての仕事を迅速に回すことができるのです。

待たせない

「5%社員」の行動を分析すると、よく口にする言葉が2つありました。いわば、仕事を効率的に進める「魔法の言葉」です。

それは、**「今いいですか?」**と**「それはできません」**です。とてもシンプルな言葉ですが、この言葉が言えるか言えないかが、「仕事ができる/できない」の大きな分かれ目だったのです。

仕事の効率があまりよくない人は、「こういう話をしたいんですが、来週の木曜日に、60分時間をくださいませんか」と、長文のメールでお願いをしがちです。

相談相手のその時間が空いているかどうかもわからないのに、これでは調整に時間を要しますし、何より、本当は60分も必要ないかもしれないのに、時間を取ってもらったという気持ちから、60分フルで時間を費やしてしまう。

「5%社員」は、相手の時間も気にするので、誰かに相談するときには、「今いいですか?」と尋ねて、相手が応じてくれたら、その限られた時間で目的を達成しようとするので、話は要点だけになり、お互いに気持ちがいいのです。

もう1つの「それはできません」も非常に重要です。

仕事ができるがゆえに、「5%社員」には、多くの仕事や相談が降ってきます。これをすべて受けていては、自分が本当にやるべきことに費やす時間が少なくなります。

自分が何をやるべきで、何をやるべきでないかを明確にして、「できないことはできない」と断ってしまう。それが自然にできていました。

今後、職場にAIが浸透してくると、人間が何をやり、やらないかを決めることが求められると思うのですが、そんな中で彼らの「やらないこと」を決断する能力は、ものすごく重要なのです。ここは、大いに参考にすべきところです。

メールにすぐ返信するということは、自分にとっても相手にとっても仕事のスピードをアップさせます。メールをすぐに返せば、仕事ができる印象を相手に与えることもできます。

「5%社員」はトラブル対応も迅速です。

トラブル対応は初動が重要なので、すぐに上司に報告して対処方法を相談します。

報告もトラブル対応も時間が経てばたつほど、後で時間を奪われることを「5%社員」は理解しているのです。

トップ5％社員は

まず単独行動する

☞75％が初動を重視

大炎上になる前に、迅速な対応が必要

仕事にトラブルはつきものです。問題は深刻化する前に手を打ったほうがいいことを「5％社員」は理解しています。

例えば、火事は初期消火によって延焼を防ぐことができます。火がくすぶっているうちに消火活動を開始すれば、火は消しやすいので、初動をどうするかが重要です。

ある重機メーカーで、会社と社員の間で起こったトラブルについて相談を受けました。あとの調査でわかったのですが、問い合わせをしてきたのはその会社の「5％社員」でした。

彼女は人事担当で、トラブルの対応に追われていました。彼女個人の判断で、社会保険労務士や産業医などの専門家、労働基準監督署に即座に連絡を取り、対象の社員に対して正しい対処をしていました。

私は、働き方改革のコンサルタントと謝罪のプロという両方の立場で彼女を支援しました。訴訟問題に発展しそうだった事態が、結果として大きな問題に至りませんでした。

私は、前職のマイクロソフトで最高品質責任者を3年半務めていました。

その就任期間中には500件以上の謝罪訪問を経験しました。お客様のシステムを止めてしまったり、誤った金額で請求書を送ってしまったり、トラブルは日々尽きませんでした。その中でも最も多かったのはクラウドサービスの障害です。

データセンターなどで問題が発生し、サービスが停止してしまい数百社から問い合わせを受けました。そのようなサービス障害では、発生から1時間以内に対処することで顧客へのインパクトを最小化できました。

例えば、問題の回避策は打てないか、代替手段はないか、問題はあと何時間で収束しそうなのか、といった情報を迅速に集め、すぐに顧客に提供するのです。SMS（ショートメッセージ）などを使って一斉送信する仕組みも整えました。

もちろん、問題を起こした側に不備があり、反省および改善すべき点は多くあります。しかし、初動を正しく行うことで、顧客ひいては自社のインパクトを最小化できることを500件以上の謝罪訪問で学びました。

トラブルになりかけた時に、最初の対応がうまくできれば大事には至りません。ところが、初動を間違えてしまうと、互いの感情が対立してしまって、取り返しのつかない問題に発展してしまいがちです。このケースでは、迅速かつ正確な対応が求められたため、同じ問題を解決したことのある第三者に相談したことが問題を深刻化させないポイントになりました。部外者に介入されると、その分費用がかかります。

しかし、社内で関係者を集めて会議を重ねていると、くすぶった火は炎に変わっていくかもしれません。外部の専門家に依頼することに反対する人がいたら、説得に時間をかけなくてはいけないでしょう。その間に、火柱を上げて大炎上してしまうかもしれません。

今回のケースのように、社内外にかかわらず経験と実績を持っている人に依頼し、火がくすぶっている状態のうちに消火活動ができたのは、「5%社員」である人事担当の英断のおかげでした。彼女は、外部の専門家から正しい対処法と時間を買ったのです。もちろん、自分の責任外のことを勝手にやったらコンプライアンス違反です。

しかし、トラブル対応をするときは、自分の裁量の中で独断で決めていったほうがスピード解決できます。「5%社員」は、問題の対処をする際にプランB（当初のプランが失敗した際のバックアッププラン）を持っています。このケースで彼女は、弁護士とも連絡をとり、事態が悪化したらすぐに訴訟の準備ができるようにしていたのです。

課題を与えて動く

個人に裁量権を与えて、自らで考えさせ、率先して動くような組織は強いです。これまで605社の働き方改革に携わった中で、相談がきた時点で既に「成功しています」という流通会社がありました。

その会社は、問題を解決したいのではなく、さらに利益を上げるための「儲け方改革」を手伝ってほしい、とのことでした。働き方改革に関しては問題がないと言っていたので、確認したところ、現場に自由と責任を与えて自主性を重視する組織でした。

その会社の社員がよく口に出していたのが、「初動を早く」という言葉でした。

まったく何も考えずに行動を起こすのではなく、各社員が持つ経験を元に判断させていたのです。

「もちろん、全てがうまくいくわけではない」と言っていましたが、もし問題が起きたらチームとして支援する体制もできていました。その会社の「5％社員」は、次のように語ってくれました。

「考えてばかりいては、商機を失います。合議を取っていては問題が深刻化して手が付けられなくなります。この行動ポリシーが組織に根付いているので、ビジネス開発などの新たな挑戦をしたい社員がほとんどです」

複雑な課題を解決するには、多くの解決策が必要です。

その際には、多様なメンバーの力を借りてアイデアの量にこだわったほうが良いです。

一方、スピードを求められる緊急性の高い状況では、個の実現力（行動力＋結果）が必要です。創造力は多様性重視のチーム戦で、実現力はスピード重視の個人戦です。

このバランスを取ることが各組織のリーダーに求められています。

トップ5％社員は

新たな経験を好む

スマホの機種変は2倍早い

インプットを習慣化、でも飽きやすい

「5％社員」は、常に新しい情報をキャッチしようという意識が強い傾向にあります。好奇心旺盛で「新しいもの好き」という特徴も持っています。

新たな挑戦には必ずデメリットがあります。しかし、デメリットよりもメリットのほうが大きければ、挑戦すべきであると「5％社員」は思っています。そのため躊躇なく、今の自分にない情報やスキルに興味を持ち、その習得に熱心になるのです。

「5％社員」は多様なスキルを磨こうとしているので、興味の幅は広く、さまざまな情報を集める仕組みを作っています。Googleアラートで事前に仕掛けたキーワードのニュー

スが届くようにしたり、NewsPicksでプロの意見を確認することを習慣化したり、次々に情報を取り込んでいきます。

そして、先入観を持たずに情報をキャッチするので、次々に興味の対象が変わります。興味の対象が短時間で変わってしまうために、「飽きっぽく、移り気」というマイナス面の特徴もあります。

「5％社員」の78％が新しいもの好きと自覚しており、1年以内に発売されたスマートフォンを使用している確率は61％で、機種変更の速さは一般社員の約2倍であることがわかりました。

したがって、何か1つのことを長く継続したり、1つのことを深く掘り下げたりするのは、得意ではありません。

変化や刺激を好む「5％社員」は、日頃から新しいものに関しては膨大な情報を得ており、いざ新しいものが市場に現れると、目にも驚く早さで飛びつきます。

そして、「どうしてもこれが食べたい！」「予約してこれが欲しい！」という目的のものがあると、そのためにわざわざ遠出をするなど、無理なスケジュールを組むことも厭わないのです。

このように、目的のものがあれば多少の苦労は気にしないため、非常に行動力とバイタリティのあるタイプであることがわかります。

新しいもの好きな「5％社員」は、「それを入手すること」に強い意義を感じている人も多くいました。そのため、冷静に考えてみると不要なものでも、新製品というだけで手が伸びてしまうようです。仕事では徹底的な目的志向で無駄なことをしません。一方、プライベートではこだわりが強く、目的と手段を履き違えることもあるようです。新しいものを使いこなすのではなく、それを入手することを目的にしてしまう側面もあります。

金曜日に見つけた改善タスクを来週やる

今週に達成できなかった事柄や中断している事柄に対して、より強い記憶や印象を持つというバイアスがあります。それを「ツァイガルニク効果」といいます。ドラマやＣＭでよく目にする「続きはＷｅｂで」もツァイガルニク効果を使った表現です。

中断したままだとストレスが残るので、完了させることで達成感を得ようとするのです。特に失敗は気になってしまい、何とかして改善することで結果を残し、ストレスを回避しようとします。

「5%社員」は定期的な内省によって、さらに効率を高めていこうとします。

その内省は金曜日の午後に行われることが多いことがわかりました。今週1週間を振り返って、出した成果と無駄な作業を見つけ出して、次の行動につなげようとするのです。そのため、来週以降に実施する改善タスクをメモに取っています。手帳やアプリに書き込んで、備忘録にしているのです。

多くの一般社員は、週末が終わることを意識して日曜の夕方から悶々となります。これはやるべきことが漠然としている時や、何が起きるかわからないという見えない不安によるものだとされています。

「5%社員」はそのような見えない不安と戦わないために、金曜日のうちにタスクを明確にして、行動を修正する準備をしているのです。新たな挑戦が大好きな「5%社員」は、金曜日に改善タスクを出した時点でワクワクしています。そして、それを抽出しても、まだ行動には移しません。改善タスクを出すまでで止めて、月曜から実際の改善行動をするのです。

これはまさに「ツァイガルニク効果」です。次の行動に期待感を持っている状態で週末に突入しています。そして月曜からその続きができると認識させて、月曜からワクワクしながら出社するのです。

トップ5%社員は

学びをすぐに実践する

社内研修後に行動を起こす確率が7倍高い

目指すべきは学び方改革

頂上を決めずに登山をしてはいけません。働き方改革をすることを目的にしてはいけません。働き方を変えるのは目的ではなく、手段だからです。

働き方改革で目指すべきは、会社の成長と社員の幸せを両立させることです。残業を減らすのも手段です。目指すべきは、今のビジネスにかけている時間を圧縮して、未来に必要なことに再配置することです。その配置先は、儲けを上げるための事業開発（儲け方改革）と、社員のスキルアップ（学び方改革）です。

多くの企業が社員研修に力を注いでいます。しかし、研修での目的は、学ぶことではなく、学びを業務に活かすことです。この頂上を正しく設定しなければ、いくら研修内容がよくても目的を達成することはありません。

よって、例えば集合型研修の成果は社員の満足度で測るのではなく、その受講者がしっかりと行動に移したかどうかを追跡して評価しないといけません。せっかく良い学びがあっても生かさなければ意味がありません。アウトプットなくしてインプットするのと同じです。

もちろん、相関関係として研修の満足度が高ければ行動意欲が高まるのは確かです。しかし時間が経っていて翌日になると忘れてしまうことも多いので、いかに学んだことを思い出させ、それを業務に活かすためのきっかけや動機付けをするかが重要です。研修の満足度が90％超えても、実際に行動に活かした人が10％未満であればその研修は失敗です。

また、同じくクライアント企業で調査したところ、満足度90%以上の研修でも、翌日以降に行動しない人は6割以上になります。

そして、「5%社員」に特化して調べると、78%の確率で2週間以内に何かしらの行動に活かしていることがわかりました。

成果を残している彼らの行動を真似するのであれば、しっかりと研修受講後に行動に移したかどうかを追跡し、それを高めるためのインセンティブや、チェック機能が必要になりますので、チェック機能を設けてください。

この研修後の追跡を徹底的に行ったクライアント企業8社では、研修受講後に行動に移した人が7割以上となり、さらに彼らはその後の社内研修の参加率も高まりました。

学びを実践したことによって気づきを得て、それが自分の意識を変えて、さらに学習意欲を高める結果になったのです。未来に必要なスキルを身に付けるということは、会社にとっても働く個人にとってもメリットがあるので、そこを推進していくことで、儲け方改革につながります。

研修で重要なのは、動機付けをして自らが学ぶという気持ちを持たせることです。

そこで注視すべきなのが「自己選択権」という考え方です。やる気スイッチは内発的動機の中にありますから、自分が興味関心を持つことが前提になります。その上で与えられた外発的な要因ではなく自分が決めるという内発的要因を組み合わせることで、やる気スイッチを押した状態で研修を受けさせることができます。

学習意欲が高い状態で研修に参加すれば、もちろん吸収することも多く、結果的に業務に活かすことができます。また研修後に満足度がさらに高まれば、その人の行動やパフォーマンスも変わり、しいては離職率の低下や精神疾患の抑制と言ったことにもつながることが調査でわかりました。

この「自己選択権」をどう働かせるかというと、社員アンケートなどをとって自分が学びたい項目を会社として収集し、その上で会社が学ばせたいことと、社員が学びたいことをメニューの一覧に載せて、その中から年間で何項目受講するということを義務づけるのです。自分で希望したものが入っていればそれを選択しやすくなりますし、それが「自己選択権」でありモチベーションアップにつながるわけです。

この「自己選択権」を重視した研修プログラムを実践しているある流通企業では、研修のメニュー化を進め、年間で12個の研修を受講させることを義務づけました。

以前は、その受講率が5割未満と低迷していましたが、メニュー化を進めたことによって社員が能動的に研修に参加し、その受講率は92%まで上がりました。さらに嬉しいことに、行動意欲度は7割以上となり、結果として3年間、離職率が低減していきました。

このように学ばせるのではなく「学びたい」と思わせる仕掛け作りや、学ぶという行動を自分たちの意思で選択させることによって、吸収率そして業務への反映などが変わってくるのです。

働き方改革に成功している12・4%の企業は、必ず学び方改革にも取り組んでいます。そしてただ単に上から勉強しろというのではなく、自発的に自分たちで学んでいこうという文化を作っていく活動が学び方改革です。研修を受けさせることが目的になってしまうと、それを学んで活かそうという気にはなりません。

しっかりと社員の喉を乾かせた上で、研修という水を与えなくてはいけません。そのような仕組み作りを、経営陣を巻き込み、現場の社員と一緒にその学び方の改革を進めていくことで、会社にとっても社員にとっても未来の選択肢を獲得することになります。

また、そこで習得したスキルを活かす場を作らないといけません。

例えば業務改革や新規ビジネスの開発といったところに学んだスキルを活かせるような仕組みを作れば、社員たちは率先してそのスキルを身に付けようとします。

さらに会社は、「儲け方改革」を目指すべきです。今後新たな利益を生み出すためには、どのような人材がどれだけ必要かしっかりと設計しないといけません。その上で、社員に足りないスキルを可視化して、それを学ばせていく必要があります。決して資格取得だけに力をおきすぎずに、未来に必要なスキルは何かということを会社と働く個人の2つの観点で見ていくべきです。


こういった学び方改革は社員に好評です。

研修内容が自分で選べることや、自分の未来価値を高める目的で参加するので学習意欲が高まります。

こういった学び方改革ありきで働き方改革を推進すれば、成功確率が高まることがわかりました。労働時間を単に減らす残業抑制は67％の社員が反対しています。

「やれ！　やれ！」といっても9か月で元の行動に戻ってしまいます。

ですから自分の価値を高める学び方改革をするために、無駄なことをやめて時間を生み出すという意識を根付かせれば、結果として能動的に無駄をなくす改革を進められるわけです。

やはり見えないご褒美に向かって走るよりも、目の前ににんじんがぶら下がっていたほうが走りやすいわけです。

トップ5％社員は

仕事の締め切りに遅れない

87％が毎月のルーティン処理を期限内に終わらせる

帰り際にタスク整理

「5％社員」は、一日の終わりに5分くらいで、翌日以降のスケジュールとタスクを整理しています。

「今日は明日の分までタスクを先取りできたから、この案件を前倒ししよう」とか「今日思ったより進まなかった分は、木曜の夜に取り返すか」といった感じで、カレンダーとタスクを動かして、振り返りをしています。それにより、75％の「5％社員」は翌日のタスクが決まってから退社していました。おおよそでも「明日はどれくらい作業しないといけないか」を把握しておいたほうが、翌日のスタートダッシュがいい気がするのです。

スケジュールがどれくらい詰まっているかを常に見直せると、新規の打診にも正確な返事ができるようになります。それが、無理のないスケジューリングにもつながるのです。

また「5%社員」はタスク管理のアプリを使いこなし、65%の人がタスク管理アプリを使っていました。287名にアンケートを取ったところ、よく使われているタスク管理アプリのトップ5は以下のものでした。

- Trello
- Google Keep
- Asana
- Microsoft To Do
- Todo Cloud

グループウェアに搭載されているタスク管理機能を使っている人も多くいました。

タスクを受けたときにシミュレーションする

仕事を受けたときに納期を確認するのはもちろんですが、「5％社員」は仕事を指示した上司や関係者の予定状況も確認しています。

その上で、他の仕事も含めて締め切り順に作業予定をシミュレーションしてみて、無理がないことを確認し、納期を約束します。

また、仕事を受けた際に自身の状況を正直に打ち明けています。

「早くて〇日、場合によっては〇日の着手になりますが大丈夫でしょうか？」「データをもらうのが〇日を過ぎる場合、休暇中なので対応は〇日以降になります」など、あらかじめ相談しています。

チェックと修正を事前にしておく

「5％社員」の調査を進める中で、経営者や人事責任者から「5％社員はどうやってタスク管理しているのか？」と聞かれることが多くあります。

そういったニーズもあり、「5％社員」に許可を得て、パソコンやスマホの画面を見せてもらい、タスク管理方法を個別にヒアリング調査しました。

95%の一般社員と比較して特徴的であったのは、1つひとつのタスクに、完了までの見積もり時間とチェックポイントを設けていることです。

15分くらいで終わる比較的簡単なタスクにも、1日や2日かかるようなタスク、それをブレイクダウンして2時間くらいで終わるタスク、すべてに見積もり時間を書いていました。タスクは見積もり時間を設定し、実際にそのタスクに取り組んでいきますが、そのあとで本当に見積もり時間で終えることができたかを振り返っているそうです。

PDCAでいうとCheckやActionのタイミングをしっかり事前に決めているということです。

想定よりも早く終わったのか、遅く終わったのか、なぜ早く終えることができたのか、なぜ遅れてしまったのか、仕事を受けた時に甘く見積もっていなかったかなど、振り返りの時間を設けて分析していました。

実際にタスクに取り組んでみて、時間を見積もるときに推測できなかったことを反省し、徐々にそのギャップを修正していく習慣を持っているのです。1日の中でも、その日すべきタスクと見積もり時間を設定して仕事に取り組み、退社する10分くらい前の時間にその振り返りをしていました。

成果を残せない人は報告のタイミングが遅い

一方、仕事の期限が守れない人は、仕事を受けた時点で不明確な見積と曖昧な目標をもっています。「きっと間に合うんじゃないか」「わからないけど間に合わせたいとは思っている」というのが、よく納期に遅れる人の口癖です。

この状態で仕事をスタートさせると、途中で不測の問題が起きてもセンサーが働かずにスルーしてしまいます。発生した問題は処理も報告もされずに大きくなっていき、納期を伸ばしていきます。

そして、納期間際になって、間に合う可能性がゼロなってから、「すいません、間に合いそうにありません」と報告します。これでは間に合わせるために周囲のメンバーが協力することもできません。

一方で、納期を守れる「5％社員」は、納期に間に合う確率が100％でなくなった時点で、すぐに報告します。

自分でリカバリーできないと思ったら、すぐにメンバーに協力を求めて、最終的には間に合わせます。「5％社員」は他のメンバーが困った時には率先して手助けしており、チームで補完関係を構築しているので、ピンチでも助けてもらえるのです。

タスクが片付いている状態を維持する

仕事をしていると問題が発生しますが、問題が出るたびに間に合う確率は下がっていき、最後は確率ゼロになります。問題がある状態が当たり前になると、問題が発生しても対応しなくなります。

つまり、ゴミ屋敷にゴミが1つ増えても気にならないのと同じです。ゴミが溜まらないようにするには、きれいな状態を保つ必要があります。

タスク管理も同様です。

100%間に合う、という状態さえ保っていれば、問題があればすぐに報告をするようになります。「5%社員」は、100%間に合う状態を正常な状態としているので、何か問題が発覚して100%でない状態になった時点ですぐに異常事態として報告をします。

100%間に合う状態を維持しなければ納期に遅れる、という心構えを持ち、定期的なチェックと適切なタイミングの報告で、リスクを回避しているのです。

約束した納期を守るという当たり前のことができれば、社外でも通用します。

私はマイクロソフトの役員を辞めてから3年以上経ち、多くの社外の方々と仕事をしますが、納期を守れない人は大勢います。

逆に納期を守るだけで信頼がアップして、追加契約をもらうことが多々あります。それだけ納期を守れない人が多くいるのです。

「5％社員」のタスク管理術を参考にして、自身の市場価値を高めてください。

トップ5％社員は

すぐにメモを取る

手帳やスマホに気付きと学びを書き、読み返している

「5％社員」はやたらとメモを取ります。「5％社員」の59％がメモすることを習慣にしていました。

気づきや学びを得ようとする姿勢が、メモに残すという行動に表れるのです。また、「5％社員」はメモを取ることで、情報を整理しようとしています。仕事が立て込むとアタマが混沌として、全体像が見えなくなります。

メモを取ることでアタマの中を整理し、見えないものを見える状態にすることを目指しています。

メモによって可視化すれば、共有することも可能になります。

また、書き出した内容が視覚化されることで、気づきを得ることもできます。相手を説得するストーリーを作る上で、説明が長すぎるとか、論理的に間違った部分があるといったことに気づくのです。

共通点や相違点を探したり、情報同士を結びつけたりすると、新たなアイデアが生まれるのです。

弊社はこの3年間で22社で19件の新規ビジネスを開発し、62億円の新たな売り上げを生み出しました。

そのビジネス開発の際に必ずブレーンストーミングを行います。根本原因がわかった上で、それを解決するアイデアを、付せんに書きまくるのです。

優秀な社員は、2分間で15個以上のアイデアを付せんに書き出します。たくさん出たアイデアの中から、投資対効果や実現可能性などの評価軸を設け、どのアイデアをテスト（プロトタイピング）するかを決めるのです。

結果として、採用するアイデアは、後で追加されたものが多かったです。

参加者全員のアイデアをホワイトボードに貼り、それを整理しながら眺めていくと新たなアイデアが追加されるのです。「さらにこういうのがある」や「そもそもこれを取り除いてしまえば」といった、乗っかかりアイデアは質が高く、結果として採用されやすいです。

また、「5%社員」は、インプットの習慣で情報をつかみ、加工・編集し、新たな情報をアウトプットすることで価値を発揮します。集めた情報を俯瞰的に眺め、気づいたことをアウトプットしようとします。

このような好循環のサイクルを「5%社員」は身につけています。

メモ・テクニック―余白を使う、デジタル化する

手書きメモのメリットは、紙面のどこに書いてもよいという自由度の高さです。そのメリットをいかして、「5%社員」は大胆に余白を大きく空けてメモを取ります。余白が多いとメモを読みやすくなります。

8人の「5%社員」のメモを見せてもらうと、左右に意識して余白を作っていることがわかりました。書き込む文字は行間を開けておいて、後でコメントを追加できるようにし

ていました。

手書きで残したメモを忘れないために、スマホで撮影する人、音声メモとして、自分で話したことを録音する人もいました。

そして残したメモを、最終的にパソコンで清書して保存している「5％社員」が多くいました。アナログな情報をデジタルで取り込むことで、検索ができ、あとで再利用することもできます。


しかし、決してパソコンで作業することが目的であってはいけません。

特に、パワーポイントでの作業では、文字や図形をスライド内で動かすことに意識を奪われ、その内容を深く考えることをおろそかにしてしまいます。

図形や画像を整えるという作業は右脳を使って作業しますが、相手を動かすためのコンテンツを考えるのは左脳なので、右脳と左脳の行き来が混乱を起こすからです。特に男性は女性に比べて右脳と左脳の行き来が得意ではありませんから、パソコンから離れて考える時間を別に押えることをお勧めします。


PC用のメモアプリは大量にありますが、重いアプリケーションを起動しなくてはいけないようだと、だんだん使わなくなります。

「OneNote」のように高機能のメモアプリケーションは多々ありますが、常に起動しておけて、ショートカットなどを使って即座にメモを取り始められるようにしないと、メモの習慣はなかなか定着しません。

第5章

今日からできるトップ「5%社員」のルーティン

1日5分の情報収集

プレマックの原理で習慣化

「5%社員」の行動を分析すると、習慣化する際には行動をやめない仕組みを考えていることがわかりました。どう始めるかではなく、どう継続させるかを考えて行動しているのです。

その分析で浮かびあがったのが「プレマックの原理」です。

行動主義心理学研究者であるデイヴィッド・プレマック（Devid Premack）が提唱した、特定の行動を強化するための原理が「プレマックの原理」です。

習慣化された行動の前に、新たな行動をセットするとそれを実行しやすくなるという法則です。たとえば、読書嫌いでゲーム好きの人は、「読書が終わったらゲームをする」という条件を自らに課すことによって、読書時間が増えます。

あるいは、仕事だと「職場についてから5分整理整頓したら、仕事のメールをチェックできる」など。

このように、いつもやっていること・やるべきことを新習慣の後に持ってくるのがポイントです。

順番を入れ替えるだけで、読書することに「いつもやっていることができる」というメリットが生じるようになるのです。

インプットとアウトプットの時差を縮める

「5%社員」は、インプットとアウトプットの時間差を縮めようとします。

アウトプットとの時差を縮めるインプット方法とは、まず目的が明確であることです。本を読むにせよ、DVDを視聴するにせよ、人の話を聞くにせよ、すべては「これによって自分は何を得ようとしているのか」という目標がクリアになっていることが前提です。アウトプットが決まっていれば、インプットの後にすぐに準備にかかれるでしょう。

次に、「インプットをしたことで、具体的にどんなアクションが取れるようになるか？」という目線を持っていることが大切です。人は変化を求めています。できない自分ができる自分になるには、どうしたら良いかを考えています。その変化を獲得するためのインプットをしているか、と自問することが重要です。

効率的なインプット術

「5％社員」は、限られた時間で効率的に情報や知識を取り込もうとします。

そのために、インプットする際に締め切り時間を設定しています。未経験の業界や、知見のないプロジェクトのイシューに対して、入門的な書籍や関連資料のインプットから始め、業界紙や専門書にまで目を通すことで、短期間で雪だるま式に加速度的なインプットをしています。

インプットする時間や作業を日々のルーティンとするために、自分の生活のサイクルにしっかりと組み込んでいます。必要以上にインプットに過度な労力をかけず、インプットした内容をベースに思考して、成果や業績（アウトプット）につなげています。

調査の結果、時に「5％社員」は次のように情報収集していました。

彼らは各種メディアの特性を理解し、情報を集めるのではなく、集まる仕組みを作っていました。

・Googleアラート利用の率が高く、英語も設定していた
・新聞各紙ではなくNewsPicksを読む
・RSSをビジネスチャットで受ける
・専門書だけではなく、洋書も読む
・シンクタンクのレポートを定期チェック

みなさんもぜひ、情報を取りにいくのではなく、情報が自動的に集まる仕組みを作ってみてください。

メンターへのアウトプット習慣

メンターとコーチング＋アウトプット

言葉の力が心に及ぼす影響は大きいといわれています。

ストレスを感じている時や悩んだときの言葉の力は絶大です。私自身、悩み苦しむ時がたくさんありました。そんな状況も回数を重ねるごとに過度な不安を避けられるようになったものの、解決できない課題はたくさんあります。

そんな時に励ましやアドバイスをくれたのがメンターです。

このメンターというのは、上司ではなく、ざっくばらんに相談できる先輩のような存在です。私には5人のメンターがいます。謝罪に走り回っていた時も、そういったメンターたちに何度も助けられました。

ただ単に不平や不満をいうのではなく、自分がとった行動や自分が今考えていることを客観的に見つめ、忖度のないアドバイスをくれるのです。自分が思ってもなかったようなアイデアや、ちょっとしたことを評価してもらえたりすると、自分自身を客観的に見ることができ、左脳を使って自分を落ち着かせることができるのです。海外にも2人のメンターがおり、Skypeを使って定期的に話を聞いてもらったり、出張先で時間を作って相談してもらったりしています。そして、話を聞いてもらい共感してもらうことでストレスや怖さがなくなっていきました。

もちろん、上司からは絶対的なサポートを受けていましたが、なかなかストレートに伝えづらいこともあり、このようにメンターに相談することで自分をうまく解放して自分の余裕のなかった心にゆとりを与えてもらっていました。

メンターに求めるのは、ティーチングではなくてコーチングです。

単に答えを教えてもらうのではなく、答えの出し方を指導してもらうのです。ですから自分が何か課題や質問内容を持ってメンターと接しないといけません。メンターが一方的に何かを提示してくれることはないからです。それをメンターに強制するのは失礼です。

では何を用意していけばいいかというと、インプットで学んだ知見や経験を言葉に出すアウトプットです。

「5％社員」の約7割が社内外にメンターを持っています。彼らにヒアリングしたところ、メンターとの時間の前にはしっかりと何を話すかを決めて臨んでいます。自分の時間を大切にする「5％社員」は、尊敬するメンターの時間を奪わないようにしっかりと配慮しているわけです。

どういった学びや知見を持っていくかというと、インプットで得られた情報をもとにそこから何が起きるか、なぜそのようなことが起きたのかという考察や仮説をメンターにアウトプットし、そのフィードバックを得るようにしています。

このコーチングでは、各要素である情報を点で捉えると、点と点を結んで線にして、今後何が起きるかということを予測させる能力を鍛えます。

また点と点を線で結び、その線を増やして面にしたときにどのような未来が待っているのか、それに向けて今自分が何をすべきかを止まって考えるのです。

自分でインプットして学んだことをまずは言葉に出します。そしてそのアウトプットが論理的であるか、そして相手に伝わるかどうかをメンターからフィードバックを受けます。

基本的に、メンターは評価に関係がある人ではありませんから、腹を割って何でも話すことができます。気を遣って萎縮しながら言葉を選ぶのではなく、自分がインプットで学んだことをストレートに、そして素直にメンターにぶつけてみてください。

メンターは客観的で的を射たフィードバックをしてくれるでしょうから、それを参考に本来目指すアウトプットに活かしていくのです。

ただ、あくまでもメンターは神様ではありませんので、全てを参考にすることはなく、まず自分で受け止めて、自分の価値観でそれを本番のアウトプットに再評価するかどうかを決めてください。

この「自分で決める」、そして「自分で選ぶ」という行為が自発的に行動する源泉であり、自分の幸福度を高める方法でもあります。この方法を教えるのがティーチングではなくコーチングなわけです。自分が必要だと思うことを自分で見つけ出し、自分の判断でやってみることが内発的動機になり、自分のやる気スイッチにつながるわけです。メンターはこのやる気スイッチ探しと、やる気スイッチの押し方を教えてくれるのです。

利害関係がないメンターといえども、相手も貴重な時間をあなたのために割いているわけですから、本番でアウトプットした後の結果は必ず共有してください。

そして、そのアウトプットが成功しメンターのアドバイスが役立ったのであれば、必ず相手に感謝を伝えてください。ここでもなあなあの関係でいくのではなく、信頼し合える、感謝し合える関係性を維持することで、メンターもメンティーも成長していくのです。

メンターの探し方

メンターを探しているのなら、まずは社内で、メンターになってほしいと思う人にお願いしてみてはどうでしょうか。同じ会社のメンバーなら「話を聞かせてほしい」「ランチをとりながら相談に乗ってほしい」と言われて嫌がる人は意外と少ないはずです。

また、正式なメンターではなくても仕事のロールモデル・師匠としてのマスターメンターを決め、じっくり観察して真似することが成長への近道になります。

通常メンターは、自分より人生経験の豊富な年上を選ぶのですが、全く異なる環境で生活し視点が異なるという点で、あえて若手をメンター（リバースメンター）にすることもあります。

20代、30代は流行に敏感で、新しい情報が入って来やすい環境にありますから、違う視点で相談に応じてくれることがあります。若い人のほうが市場環境の変化を敏感に感じ取るでしょうから、情報収集手段としても役立ちます。私が大学で授業を行っているのは、そういった若者から刺激をもらうためでもあります。

刻々と変化する状況に対応するためにも、「我慢する」から「感情やストレス、それによるリスクをコントロールしていく」という考え方にスイッチしていったほうがいいです。

その意味で、普段から抱えている感情をいったん吐き出し、今後向かうべきことについて建設的な話ができるメンターとの関わりはとても有効です。

フィードバック・コミュニティを持つ

思考停止を避ける仕組み作り

「5%社員」が恐れているのは、何も考えずに言われたことだけやること、つまり思考停止することです。例えば、大企業に勤め、社内ルールの中で仕事をしていると、社会の常識がわからなくなってしまう、というようなことです。

「5%社員」はあくまでも社内と社外の価値を上げることを目標にしていますから、決して社内の大きなルールに完全に束縛されることなく、世の中の動きを敏感に感じ取ってそれに合わせて自分の考えや行動を変えることが正しいと思っています。

外の目を持つという意味では、自らが外の世界に出ていて情報を吸収することももちろん必要です。同時に、外の目を持った人から意見を聞くというのも効果的です。

このように社内の限られたエリアに目を向けるのではなく、社外の刺激を取り入れて思考停止を防ごうとしています。

人脈作りのために時間を作る

人は行動するときに、「きっかけ」「動機付け」「能力」の3つの要素が組み合わさらないと行動をしません。

「5％社員」は行動しないで、気づいたら茹で蛙になっていることを最も嫌います。ですから彼らは社会で、きっかけと動機付けを探しているわけです。能力というのは頭の良さや能力だけでなく、時間も含まれます。社外の情報収集や人脈によってきっかけや動機付けをつかみ、そして社内では目的思考で徹底的に無駄を取り去り時間を確保して、行動を起こせるようにしています。

社外にリアル人脈を作る

会社で働くにしても、副業（複業）するにしても、協力者・賛同者が必要なケースが増えています。実際、私も起業直後に、過去に仕事をしたことのある方や、セミナーや勉強会、講演を通じて共鳴した人、信頼のある知人からの紹介で仕事を受け、順調なスタートが切れました。

こういった人脈は、決してTwitterのフォロワー数や、facebookの友達数、交換した名刺の数で表現されるものではなく、実際に腹を割って話ができ、同じ思いを持って何かを実現しようとする心のつながりから築かれます。

階層や上下関係はなく、フラットに相談することができ、ビジョンや意識が合った時に、損得を考えずに協力し合える相互補完コミュニティです。

実際に一緒に仕事ができ、「達成感」を共に味わうことができると、そのつながりは強固なものとなります。そういった人とのつながりを能動的に持つことにより、退職や起業という転機においても支え合う仲になるでしょう。

特に定年退職後は、孤立化というリスクが付きまといますので、「60歳を過ぎたらどれくらいの人と関わりを持ち続けることができるか」ということを目標にして人脈を築くのも良いでしょう。

では実際にどのように人脈を構築すべきか、以下の5つのステップに分けて説明します。

①新しい人に会う

②何かを提供する
③信頼を高める
④仕事で関わりをもつ
⑤人を紹介してもらう

人脈を広げるためには、まず「①新しい人と会う」機会を作りましょう。なるべく異なるバックグラウンドを持つ人とつながってください。

異業種や変わった経歴を持つ人とつながれば、その人脈は後に大きく拡がります。どうしても、同業種の人や共通の知り合いがいる人とつながるほうが精神的な抵抗が少なく楽なのですが、狭い世界でのつながりだけだと考えが固定的になり情報も限定的ですから、イノベーション(新結合)が起きにくいのです。

そのために、勉強会やセミナーに足を運んで、勇気を出して人とのつながりを作ってください。例えば、将来フリーランスと会社員を両立したいと考えているのでしたら、フリーランスの成功者の講演を聞きにいくのです。その講演会には同じ思いをもつ人が多いでしょうから、講演者ではなく参加者にも積極的に話しかけてみるのです。

次に、つながった人に「②何かを提供」しましょう。相手の課題や悩みを聞き出せたら、見返りを求めずに少しでもサポートできることを申し出るのです。この段階では十分な関係性が構築できていませんから深入りせずあまり時間を費やしてはいけません。ちょっとした情報提供や知見の共有をして、少しでも関係性を深めましょう。

日本人は返報性の意識が強いので、何かサポートしてもらったら、お返しをしたいという観念が湧いてきます。デパ地下の試食コーナーはその返報性をうまく利用した販促です。

そういった無償の支援により、あなたへの「③信頼」を高めます。面会やSNSを通じて接点を持ち続けることで、親近感と共に信頼が高まります。SNSなどを通じて有効な情報を出すことによる権威づけをするのも良いでしょう。

信頼が高まると、「④仕事」で関わりを持つことができます。一緒に仕事をすることにより、お互いの能力を確認しあうことができ、達成感を共有することができますので、さらに関係性が深まります。

一緒に仕事ができるくらいの関係性になったら、その人の推奨する知人に会っていきましょう。人が人を「⑤紹介」することで、人脈を効率的に広げることができます。もちろん、あなたも良質な人脈を共有していかないといけません。

感情を共有する組織作り

社内の人脈づくりを加速させるべく、人事制度とＩＴを使いこなしているクライアント企業があります。その制度とは、「サンクスカード（感謝メッセージ）」制度です。自身の職務範囲を越えて自発的にサポートしてくれた際に、サポートを受けた人がサポートしてくれた人に「サンクスカード」を送れるＩＴツールです。

このメッセージは本人だけでなく、その直属上司にも届くので、社内で感謝されていることが伝わります。このサンクスカードは受け取る枚数が増えると表彰の対象になり、また３６０度評価の際にも参照されます。こういった認め合う仕組みがあると、困っている人を率先して助けてあげる企業文化が根付きます。

さらに、「チャレンジコイン」制度をとっている企業もあります。これは、会社と働く個人の成長のために、勇気をもって新たな挑戦をしたら、その行動の賛同者からおもちゃコインがもらえる制度です。社員は1年に30枚のコインが支給され、自分の所属する部門以外の人が新たな挑戦をしていたらコインをあげることができます。こういった接点の中から、自分に対して真摯にフィードバックしてくれる仲間を増やしていきましょう。

週に1回、15分間の内省タイムを持つ

内省タイムが行動改善につながる

「5％社員」は内省が必要だと言っています。生活の中に、他人と交わらない1人だけの時間を作って、自分の行動や世の中のできごとを振り返るのです。頭の中だけではなく、ノートなどに書き出す「5％社員」が多かったです。

こうすることで、「自分はなぜこういう判断をして、なぜこの結果を招いたのだろう。次はどうすればいいんだろう」と客観的に検証ができます。

「5％社員」は成功しても内省をします。単に成功した、失敗した、で終わっていては何も教訓が得られないので、いつまでたっても自信が持てません。

「5％社員」は内省によって、自分なりの判断基準や、「こういう考え方でいいんだ」という自信を作り出しているのです。この「内省」を定期的に繰り返していけば、自分なり

の価値観、判断軸ができて、意見を主張できるようになります。

オフサイト＋内省

内省を習慣化できれば、自らの経験を振り返り続けることにつながり、新しい発想に至る可能性があります。それまで気づかなかった仕事の進め方やコツをつかむことで、仕事の改善や効率化が行われます。

また、組織単位の行動をメンバー全員で内省する会社もあります。この流通企業は、四半期に一度、オフサイトという合宿形式の内省の場を作り、直近の3か月の振り返りを全メンバーで行い、次の3か月に活かす機会を作っています。

実際にこの「オフサイト＋内省」を取り入れたことで、全体の業務改善が図れて1人当たりの作業時間は9％減りました。またオフサイトに参加したメンバー同士の仲間意識が高まり、心理的安全性も確保できました。この会社はその後リモートワーク制度を取り入れ、問題なくビジネスを成長させています。

週にたった15分の内省で世界が変わる

「5％社員」は、自分の行動を振り返る習慣を持っています。少なくとも2週間に1回は自分の仕事内容とその結果を内省しており、95％の一般社員よりも9倍以上の頻度で振り返る時間を設けていました。

その振り返り時間は15分程度で、そこから得た反省と学びを次からの行動に活かそうとしているのです。特に、社内会議や資料作成、メール処理といった時間を奪う3大作業は、振り返らないとそれが成功かどうかがわからないものです。なぜ失敗したのか、その発生原因は何か、どうすれば最短距離で成果を残せるようになるか、ということを考えながら行動を修正していかないと改善していきません。

16万人が内省し、労働時間が8％減った

ハイパフォーマーが実践している振り返り時間を、「内省タイム」としてクライアント28社16万人に浸透させました。1週間に15分だけ「内省タイム」を作り、その時間は会議を入れず、作業を止めるのです。この時間はコーヒーを飲んでもタバコを吸っても構いま

せん。でも、しっかり自分の仕事を強制的に振り返らせるのです。

最初は抵抗する社員もいましたが、2度、3度と続けていくと、「あれは意外と良かった」という感想が出てきます。

これは、行動変容のサインです。何かしら試してみたら思っていた以上に良かったのでしょう。この感覚を大切にすれば、改善行動を定着させていくことができます。

実際に、この振り返りによる修正で、会議と資料作成の時間は減りました。振り返ったら成果の出ない会議や、必要以上に凝った資料を作ることが減っていったのです。2か月実施したところ、平均で8％以上の労働時間が減りました。

1on1で内省を促す

クライアント企業6社で上司・部下の定例ミーティングである「1on1（1対1）」を実施しています。これは、業務の進捗確認や日頃の悩みを聞くプライベート会議で、2〜4週間に1回程度の頻度で行うものです。この1on1では、上司が部下の本心を聞き出すことが極めて重要です。

そのために管理職の人に伝えているのは「自分が腹を割らないと、相手も腹を割らない」ということです。

一方的に聞くのではなく、自分の本心をまず率直に伝えて部下との距離感を縮めてから、聞き出すのです。聞く時の姿勢も重要です。眉間にしわを寄せて腕を組んでいたら、相手は話しかけづらくなります。特に年配の男性社員は、普通の表情が他の人にとっては怒っているように見えてしまうのです。怒っていると捉えられると、気軽に相談もできないですし、会議では発言しにくくなります。

1on1でPDCAサイクルを回す

目標に対する進捗報告をしてもらうことで、上司は状況を把握し、部下へ具体的なアドバイスができます。その時に重要になるのがPDCAサイクルを回すことです。Plan（計画）・Do（成果）・Check（振り返り）・Action（改善行動）という流れを作ることで、部下の仕事の精度は上がります。

部下がPDCAサイクルを回せるよう、アドバイスという名のヒントを与えるのが上司の仕事であり、週報はその手助けとなってくれます。

１on１での定期的な振り返りで「なんでこの結果になったのか？　理由は何だろう？　次回はもっとこうすればいいのではないか？」と部下は自問をします。

すると、何度も同じような原因が登場することに気づきます。

そしていつの間にか、「あっ、これだな……」とすぐに原因に辿り着くことができるようになります。このように結果分析を続けていけば、いずれ自分で問題点がわかるようになってくるのです。こうして、部下自身が「考える癖」がつき課題解決ができるようになります。

同じ操作を繰り返さないITテクニック

測れないものはマネジメントできない

「3日前のランチは何を食べましたか?」という質問にすぐ答えられるのはビジネスパーソンの約20%です。健康や運動のために減量をしている人や、出費を節約している人は答えられます。ボディービルダーなら必ず答えられるでしょう。

なぜなら、それぞれ目的があって、記録をつけているからです。体重を厳しくコントロールしている人は炭水化物など食べないものを決めていたり、食べたものをスマホで撮影したりしています。それは、太ってしまったら大変だというホラー（恐怖）と、痩せたらスポーツ競技に有利になるというベネフィット（利点）があるからです。何を食べたか意識して記録を取っておくのです。

マネジメントの父と称される経営学者のピーター・ドラッカーや、ゆとりによって作業を効率化することを訴える米ソフトウェア工学者のトム・デマルコがマネジメント（管理）ついて同じことを言っています。

「問題を見える化して、それを数値で表して初めてマネジメントできる」

食事によって摂取したカロリーがわかれば、どれだけ摂取量を減らすべきか、もしくは運動によって消費カロリーを増やすべきかの戦略を立てることができます。

それは、働く時間のダイエットをする場合も同じです。

どれくらい働いたのか、どのような作業をしたのかを見える化して、さらに定量的に測る化しないと、どれをどのように減らすべきかを決めることはできません。スマホでもパソコンでも手帳でも良いので、自分でどれくらい働き、どのような作業をして、どのような成果が出たのか、どれが無駄であったのかを数値で管理することが必要です。

ショートカットを使いこなす

作業の見える化によってパソコン作業の問題も見えてきます。パナソニックの「しごとコンパス」などのサービスを使えば、どのアプリにどれだけ時間を費やしたかがわかります。そのパソコンの作業でダイエットすべきは、「よくやる同じ作業の簡素化」です。頻度が高い作業を自動化もしくはショートカットすることです。

「5%社員」はパソコンのキーボード・ショートカットキーを使いこなしています。ショートカットで1つの操作を3、4秒しか短縮できなかったとしても、使う頻度が高いショートカットは1日で数10回使います。積み重なれば明らかに作業時間に違いが出ることに気づくでしょう。キーボードから手を離してマウスに持ち替える必要がないため、文書の編集を行っている場合などには効率よく作業を行うことができます。

入力モードが「ひらがな」の状態で「Space」キーを押すと、全角スペースが挿入されるのは誰もが知っていることです。では、半角スペースはどうでしょうか。

「半角／全角変換」キーを押して、「Space」キーを押し、また「半角／全角変換」キーを押して全角に戻す、という3ステップで半角スペースが挿入されますが、「Shift」＋「Space」キーを押せば、それが1ステップで実行されます。

これであれば、入力モード変換をせずに半角スペースが入力でき、全角入力モードに戻す必要はありません。この「Shift」＋「Space」キーによる半角スペースの入力を「5%

社員」の45％が知っていました。一方、一般社員全体で知っている人は、7％でした。

「Windows」キー＋Vで過去のコピー履歴が見えて選択できる

他に、作業を短縮化できるのが、「コピー」と「貼り付け」です。

ショートカットキーは、「Ctrl」キー＋Cがコピー、「Ctrl」キー＋Vが貼り付けです。これを知っている人は多いでしょう。最近で最もお勧めのショートカットは、「Windows」キー＋Vです。これは、Windows 10 の October 2018 Update で導入された「クリップボードの履歴」機能です。

例えば、Wordなどで「越川」をコピーし、次に「慎司」をコピーすると、クリップボードには直近の「慎司」しか残っておらず、「慎司」しか貼り付けることができませんでした。

これが最新のクリップボードでは直近の25件ほど「履歴」を呼び出せて、過去にコピーまたはカットしたデータを選択して貼り付けること（ペースト）ができるようになりました。つまり、コピペ（コピー＆ペースト）をより効率的に使えるようになったのです。

「Windows」キー＋Vで「クリップボードの履歴」機能が動作しない場合は、設定画面

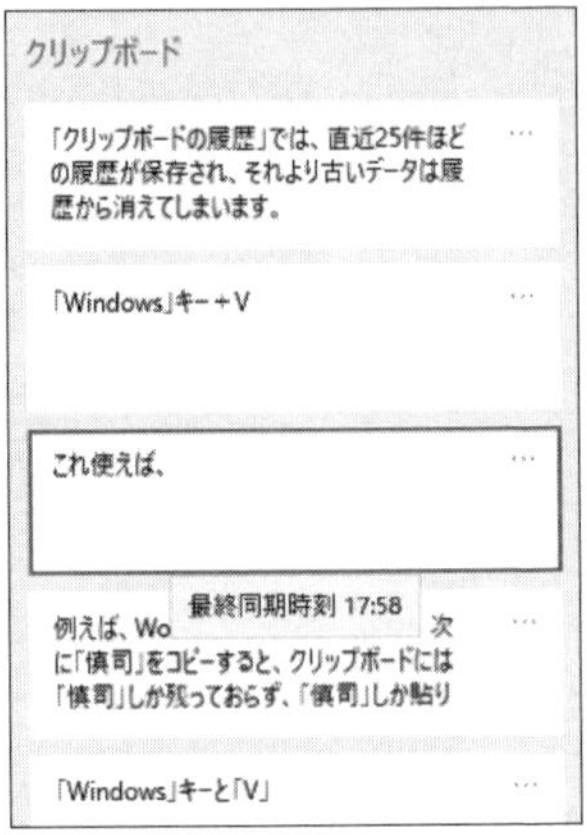

からも有効化できます。「スタート」メニューの「歯車（設定）」アイコンをクリックし、「Windowsの設定」画面を開いて「システム」をクリックします。「システム」画面が開いたら、左ペインの「クリップボード」を選択します。ここで「クリップボードの履歴」をオンにするだけで機能が有効化され、「Windows」＋「V」が使えるようになります。

そこで、よく利用するデータは、ピン留めしておけば、履歴から消去されないようになります。資料作成でよく使うフレーズや定型文は、クリップボードにコピーしておき、ピン留めしておくと便利です。

２０１９年７月から９月にかけて、約４５００名でパワーポイント資料作成の行動実験を行いました。その際に、実験参加者に対してアンケートを行い、最も作業時短に役立つショートカットを集計しました。以下はそのトップ10です。参考にしてみてください。

［作業効率がアップしたキーボードショートカットトップ10］

第1位：テキストボックスを挿入する→Alt＋N、X
第2位：図形を挿入する→Alt＋N、S、H
第3位：直前の操作を元に戻す→Ctrl＋Z
第4位：直前の操作を繰り返す→Ctrl＋Y
第5位：新しいスライドを追加→Ctrl＋M
第6位：画像を挿入する→Alt＋N、P
第7位：配置したオブジェクトのグループ化オブジェクトを選択して→Ctrl＋G
第8位：選択したテキストのフォントサイズを変更する→Alt＋H、F、S
第9位：スライド内のテキストボックスやオブジェクトをコピー→Ctrl＋D
第10位：選択したオブジェクトやテキストをコピー→Ctrl＋C

ランチで「ヨコの人脈」を構築する

1人ランチをやめる

特に職場における人間関係は、仕事の円滑さの度合いにも影響するほどですから、顔を知っていても言葉を交わしたことがない人がいたら、積極的にランチで昼休みを人脈作りに活用すべきです。

社内で異質な人と一緒に昼食をすることで、相手の心を開くよう挑戦してみてください。仲が良く、心を許せる人たちとリラックスしながら食事するのも良いですが、変化への対応力を身に付け、人を巻き込む能力を養うために、あえて異質な社内メンバーと食事を共にして打ち解け合うのです。会議や夕食だとかしこまった感じがして断られるかもしれませんが、カジュアルに昼食を一緒にする誘いならハードルも下がるでしょう。社食での昼食なら、さらにハードルも下がるでしょう。そこへ誘ってみましょう。

心理学において心を開くことは「自己開示」を意味します。思い切って思いを伝えれば、相手も呼応して心を開いてくれることが多いです。

育ってきた環境や培った経験が異なるので、思いを全く同じにすることはできませんが、同じ時期に同じ会社で過ごした異質の同僚と少しでも心が通じ合えば、一緒に複雑な課題を解決できるかもしれません。ぜひこのような積極的な異質への関係構築を挑戦して、変化をした自分を意識してください。

一見関係のない部署の人と開催するランチにも意味があります。実は重要な情報を握っていたり、プロジェクトとは違う部分であなたを救ってくれます。

食品メーカーのクライアントでは、弊社が行った「5％社員」の分析結果を元に、「クロス・ランチ」を実施しています。月に1回、異なる部門の人とランチを取るというルールです。

そのクロス・ランチを実施したら費用の一部を会社が負担します。

会社の制度として部門間の接点をつくり、社内人脈を広げ、結果として全社員の働きがいは年に9％上がり、クロス・ランチを起点として組成したプロジェクトは2年連続で社長表彰を獲得しています。

「ビジネスのための人脈作りだから」と、必ずしもビジネスの話をする必要はありません。まだ心理的安全性が確保されていないのであれば、ビジネスに関係ない雑談をしてみてください。

異なるバックグラウンドの人と腹を割って話すには、まずお互いの共通点を探します。趣味や嗜好が共通する可能率は極めて低いので、おすすめの話題は、場所と飲食です。出身地や出張先、旅行先で同じ場所に訪れたのであれば、そこから話を広げることができます。好きな食べ物の話で不快に思う人はいません。もし好きな食べ物で同じものがあれば話が盛り上がります。

社外の人脈も大切に

例えば、某コンサルティングファームの「5%社員」は、いくら忙しくても社外の人との交流を欠かさないそうです。その理由は2つ。

1つは、コンサルタント業務には様々な業界の知識や情報が必須だから。

そしてもう1つは、次のキャリアへと進む際に価値ある情報を得られる可能性が増えるからだそうです。

ビジネスパーソンにとっての人脈の重要性はもはや常識ですが、各社「5％社員」たちが築いてきたこれまでの華麗な経歴も、社外の人脈が生かされているケースが多いです。

いきなり、社外の人脈を広げましょう、と言われても、やり方がわからない場合は、これまでの人脈をまず確認してみましょう。

小学校、中学校の同級生や先輩、後輩からはじまって、これまでの人生で多くの人に会ってきたことと思います。高校、大学、社会人になって以降と考えると、数千人単位の人と関わってきたはずです。まずは、今までの人脈からたどって、話を聞きたい人と月に1度ランチしてみましょう。次はその知り合いを連れてきてもらうといった具合に、芋づる式に人脈を広げていきます。まずは月に1度ランチして、そこから徐々に輪を広げていくのであればハードルは高くないでしょう。

あとがき

働き方改革が叫ばれて4年以上経ちます。約8割の企業が何らかの働き方改革を行っていると言われていますが、「成功しています」と答えるのはたった12％です。残業を削減したり有給休暇の取得を義務付けたり、労働時間を削ることを目指す企業が大半です。こういった労働時間の削減に対して64％もの社員がネガティブに感じモチベーションが下がっています。

今目指すべきは、働き方改革ではなく「会社の儲け方改革」と「個人の稼ぎ方改革」です。

労働時間を減らして、浮いた時間を新規事業開発とスキルアップに充てれば変化の適応力が上がります。この成功パターンを個人で実践しているのが「5％社員」なのです。彼らは社内で評価され、自由と責任を得て自分のしたい仕事ができています。当然働きがいも感じています。短い時間でより多くの成果を残せば、市場価値が上がり、報酬も上がっていきます。「5％社員」は残業削減に愚痴をいう無駄なエネルギーを使わず、目標を達成して成果を残すことに注力します。

そうすることで、昇進や副業、起業や転職などの未来の選択肢を複数持つことを理解しています。

人が幸せになるのは「自己選択権」を持ったときです。

私は24年前に国内大手通信会社の人事部に所属し、制度の企画部門に在籍していました。その頃は、多くの企業において製品やサービスの力が強かったので、需要に向けて供給することを実直に実行できる人が評価されていました。

そしてその評価者は直属上司のみでした。

結果として、上司に気に入られるかどうかで評価が分かれてしまうケースが散見されました。

現在では、昔と比べて評価制度が変わりました。

上司のみの評価を絶対評価としていた時代とは異なり、上司以外の管理職が評価を行う360度評価を採用する企業も増えてきたのです。各社員が定量的な目標を持たされる機会が増えましたので、上司から寵愛されているだけでは評価されないのです。

私自身、今回の調査結果に腹落ち感を持ちました。こういう人たちが活躍しているのはよく理解できますし、こういった人たちと仕事がしたいと心から思います。

この調査結果からは、魅力的な人物像が明確になっただけでなく、その魅力を構成するのは「態度」「気構え」「行動」であることがわかりました。

成果を考えると職務実行能力が注目されがちですが、態度や気構えなどのソフトスキルが必要であることを再認識しました。

今回の調査では、弊社クライアント企業の皆さんに多大な協力をいただきました。業務で忙しい中、ＩＣレコーダーを付けさせて頂いたり、Ｗｅｂカメラをセットして集中力を妨げてしまったりしたことがありました。それなのに、協力をしていただけたのは、成果を残す正しい行動を共有して、無駄なことをやめたいという各社人事部門の熱い思いがあったからです。

今回の膨大な調査データは、アマゾン、マイクロソフト、アイ・ビー・エム、グーグルのＡＩを使って解析しました。各社のＡＩの良いところ取りをして、人が気付かないインサイトを教えてくれました。短期間で今回の大量のデータ解析ができたのは、テクノロジーのおかげです。

今回の「5%社員」の分析にあたっては、はじめに記事を出して頂いた現代ビジネスの編集長であった阪上さん、私の最初の書籍の出版を手掛けてくれたプレジデント社の村上さんに企画協力を頂きました。深く感謝しております。私を含めたこの3名のアイデア出しによって生まれた企画です。まさに新結合のイノベーションです。

そして、今回の書籍化においてご協力頂きましたディスカヴァー・トゥエンティワン編集部のみなさまに御礼申し上げます。新型ウイルスの猛威によってリモートワークを強いられた中で、編集作業を進めていただきました。

最後に、「5%社員」であることをわからずに、調査に協力いただいたみなさんに感謝申し上げます。

「あなたが選定されたトップ5%社員です」とは言えずに調査を進めたのは心苦しかったです。しかし、私自身が深く影響を受けました。

彼らのシンプルな行動パターンで、私の行動が変わっていったのです。すべてではないですが、必ず読者の皆さんにも適用できる行動パターンがあるはずです。

なんでも良いので、どれか1つを明日試してみてください。

行動の後に、振り返って「意外と良かった」ものを探してください。その挑戦によって、変化の対応力が高まり「稼ぎ方改革」につながります。

意識が変わることを待っていたら5年も10年もかかりますから、ほんの少しだけ行動を変えてみてください。そうすれば、未来の選択肢が増えるはずです。

この読書の目的は「知ること」ではなく、「行動すること」です。

越川慎司